VINCENT DE GOURNAY

tient quelques faits intéressants ; presque rien quant à la doctrine.

Morellet, qui fut pourtant le disciple de Gournay, n'est pas plus explicite. Dans ses *Mémoires*, il se contente de dire : « Ce magistrat avait été l'un des premiers à se convaincre par son expérience des vices de l'administration commerciale.... Il avait lu de bons livres anglais d'économie politique, Petty, Davenant, Gee, Child, etc., dans un temps où la langue anglaise n'était encore que peu cultivée parmi nous. Il répandit le goût de ses recherches...., enfin on peut dire que si l'on eut alors des idées saines sur la théorie et l'administration commerciale, on doit en rapporter le bienfait à son zèle et à ses lumières... »

Même de la part de Morellet, qui mettait volontiers en pratique[1] la maxime du livre des *Proverbes* : « Celui qui loue son ami à haute voix attirera sur lui la malédiction, » la louange est modique. Avoir lu de bons livres anglais, avoir eu les premières idées saines, c'est peu, à côté de la belle doctrine que Turgot a attribuée à Gournay.

Des économistes de l'école de Quesnay ont parlé avec plus de détails des théories de

1. Morellet, *L'Esprit de contradiction.*

pour but de fournir des renseignements pour le projet de descente en Angleterre dont il fut alors question ? C'est un point qui reste à éclaircir.

Ce qui est certain, d'après ce que nous affirme Turgot, c'est que Vincent, entré en rapport avec Maurepas, alors secrétaire d'État de la marine, fut apprécié de ce ministre, et entretint depuis avec lui une correspondance suivie[1].

En 1745 et en 1746, il se rendit à Hambourg, en Hollande et en Angleterre pour étendre le cercle de ses affaires et, chemin faisant, recueillit des observations, dont il fit part à Maurepas, sur le commerce, la marine, et la législation des pays qu'il traversa. Au cours de ces voyages, il s'attira la confiance d'hommes de mérite dans tous les genres et des ministres des diverses puissances. « La Cour de Vienne et celle de Berlin voulurent se l'attacher et lui firent des propositions très séduisantes. » Mais Vincent n'avait d'autre ambition que de continuer son commerce.

1. Nous en avons vainement cherché la trace aux Archives du Ministère de la marine.

comté, la Bresse, la généralité de Limoges, celle de Tours, la province du Maine, le Poitou, les généralités de la Rochelle et de Bordeaux. Gournay était de plus chargé des soies.

Les intendants du commerce avaient pour principale fonction de faire les rapports au bureau ; presque toutes les affaires qu'ils avaient à traiter soulevaient des problèmes de droit assez ardus : il fallait compter avec les privilèges et règlements existants et trouver un fil conducteur au milieu du dédale des textes.

En outre, aucun avis n'était formulé par le bureau sans qu'au préalable les *députés des villes pour le commerce* eussent été consultés. Ces députés, au nombre de onze, étaient désignés « par le corps de ville et les marchands négociants » de Paris, du Languedoc, de Lyon, de Lille et des principaux ports [1]. Ils devaient être élus « librement et sans brigue », parmi « les marchands négociants les plus capables » et être « gens d'une pro-

1. Rouen, Marseille, Bordeaux, Nantes, la Rochelle, Saint-Malo, Bayonne. Les députés se réunissaient deux fois par semaine chez le secrétaire du bureau du commerce.

tion des règlements par des contrôleurs qui apposaient des marques sur les produits pour constater la régularité de la fabrication. Les draps devaient être marqués trois fois : quand ils étaient encore en toile, au retour du moulin, à la suite du dernier apprêt ; ils devaient, en outre, porter un plomb indiquant leur qualité. Toute infraction entraînait des peines sévères : les étoffes défectueuses pouvaient être coupées, déchirées, brûlées ou confisquées ; les auteurs du délit pouvaient être condamnés à une forte amende et mis au carcan.

Le citoyen, comme le disait Melon, était donc soigneusement protégé ; mais il ne l'était qu'en théorie. En fait, la garantie de l'autorité était illusoire ; le citoyen payait cher et était mal servi.

Les fabricants s'arrangeaient avec les contrôleurs pour que les marques fussent apposées sans aucun examen[1] et tournaient constamment les règlements. Il est vrai que

1. A Troyes, en 1724, il fut constaté officiellement que les drapiers marquaient eux-mêmes leurs draps avec les timbres des contrôleurs. Gournay constata des faits analogues, ainsi qu'on le verra plus loin.

à être affranchis de la douane de Lyon que d'avoir à soutenir une concurrence et accusèrent Gournay de préparer leur ruine.

« Tout le monde réclame la liberté du commerce, » répondit celui-ci à l'intendant de la généralité qui s'était fait l'écho de ses administrés, « mais lorsque pour en venir à » cette liberté, il doit en coûter quelque » chose à l'intérêt particulier, on est toujours » prêt à dire que la liberté du commerce » est bonne en général, mais nuisible dans » le seul point où notre intérêt particulier » est blessé et que, pour ce seul point, on » doit l'exclure de l'administration. C'est » le langage des fabricants de Tours, celui » de ceux de Lyon et de tous les mar- » chands et fabricants du royaume qui ont » été assez habiles pour persuader que tout » ce qui convenait à leur intérêt particulier » n'était autre que le bien général, tandis » que, dans le fait, il n'y a rien de plus op- » posé.

» Mais je vous demande à vous, Monsieur, » si dans un temps où tous les souverains de » l'Europe établissent chez eux des manu- » factures de soie en leur permettant de tra-

pour l'histoire de la liberté commerciale, l'*Essai sur la police des grains*. Les maladresses de l'administration de Machault avaient rendu trop visibles les dangers de l'intervention gouvernementale dans le commerce des céréales pour qu'un adversaire aussi résolu que l'était Gournay de la réglementation eût négligé de profiter de la confiance de Moreau de Séchelles pour essayer de faire résoudre dans un sens libéral une question de cette gravité[1].

Les lettres que nous avons citées témoignent amplement de la persévérance avec laquelle Gournay s'efforçait de faire comprendre les dangers de la protection inconsidérée qui étaient encore en usage.

1. Gournay avait été précédé par Boisguillebert (le *Détail de la France*), par Dupin (*Mémoires sur les blés,* (1748), et par l'auteur d'un mémoire (1749) dont Du Pont de Nemours (*Analyse historique de la législation des grains,* 1789) a donné des extraits et qu'il attribue à un « ancien contrôleur général ». On a conclu de ces mots que l'auteur était Machault. Or, dans la brochure de Du Pont, on trouve la preuve que Machault avait des opinions absolument contraires à celles qui sont exposées dans le Mémoire. Comment, d'ailleurs, Machault, contrôleur général en 1749, se serait-il adressé un mémoire à lui-même ?

chose à la place ; elle devait distinguer entre les restrictions que les corporations apportaient à la liberté du travail et les services qu'elles rendaient à leurs membres par voie d'assistance mutuelle. On oublie que les corporations, bien qu'elles renfermassent dans leur sein des ouvriers et des maîtres, étaient instituées surtout au profit de ces derniers.

Sans doute, elles protégeaient les apprentis et compagnons contre la concurrence ; mais bien loin de leur fournir un sérieux appui contre les risques nés d'une autre cause, elles les encourageaient à l'insouciance et à la prodigalité. Elles les détournaient de fonder une famille ; dans certains métiers, les apprentis ne pouvaient se marier ; dans beaucoup d'autres, les statuts favorisaient les candidats maîtres qui n'avaient pas d'enfants. Enfin, les ouvriers étaient plus portés à festoyer avec les confrères qu'à épargner pour l'avenir, et n'avaient à leur disposition aucune des institutions qui permettent aujourd'hui au travailleur économe de se prémunir contre les éventualités fâcheuses.

VI

Mémoire de Gournay sur les corporations, communiqué
à la Chambre de commerce de Lyon.

Gournay, dans son Mémoire, commence par
parler des querelles des communautés. « Comment a-t-on pu se flatter, dit-il, qu'on pouvait diviser des professions aussi analogues
et dépendantes, en quelque façon, les unes
des autres « pour la composition et la per-
» fection des étoffes, sans les mettre dans
» le cas d'entreprendre tous les jours l'une
» contre l'autre... et, au lieu de concourir
» à étendre le commerce, de ne s'occuper
» qu'à se détruire les unes les autres et,
» avec elles, la totalité du commerce de Lyon.
» Il n'y a qu'à feuilleter les registres pour se
» convaincre que les ennemis naturels d'une
» communauté sont toutes les autres commu-
» nautés, que les procès entre elles sont
» aussi anciens que leur établissement et que
» la procédure leur est demeurée presque
» aussi familière que leur profession même ».

être disposés, en leur qualité d'intermédiaires, à réclamer la suppression des obstacles opposés par les privilèges à la multiplication des affaires.

La Chambre discuta le mémoire dans plusieurs séances, et y fit une réponse très étudiée [1], dont les termes furent arrêtés le 24 février 1753, dans une réunion du prévôt des marchands, des échevins de la ville et du Directeur de la Chambre.

Dans cette curieuse réponse, la Chambre entreprit de démontrer que les monopoles et les règlements sont indispensables à l'industrie. La liberté peut être bonne pour un art à ses débuts, dit-elle ; un art connu ne doit pas être abandonné au hasard ; il lui faut des ouvriers habiles et il ne peut les avoir qu'en formant avec soin des apprentis. A Lyon, ceux-ci commencent à douze ou quinze ans ; cinq ans après, ils deviennent compagnons ; à 24 ou 25 ans, ils sont en état de devenir maîtres. N'est-ce pas l'âge convenable ? Les règles auxquelles ils ont été soumis jusque-là ont été le chemin de la perfection de leur

1. Elle fut rédigée par les sieurs Biétrix et Mayeuvre.

» dommage que causent les inspecteurs qui
» s'attachent à faire exécuter ces règlements,
» toujours inutiles quand ils ne sont pas dan-
» gereux et le plus souvent inexécutables [1]. »

Le style du mémoire est d'ailleurs, en beaucoup d'endroits celui de Gournay et la thèse qui y est développée est identique à celle du mémoire à la Chambre de commerce de Lyon.

Le préjudice que les corps de métiers apportent à la population, expliquent les auteurs, s'étend non seulement à la consommation intérieure qui serait plus grande, mais encore à l'exportation qui serait plus considérable. L'effet naturel des corporations est d'augmenter le prix des ouvrages ; cette augmentation fait acheter plus cher à la nation la nécessité de se vêtir, de se nourrir, de se loger [2], etc. Elle en cause un autre : elle enchérit pour l'étranger les ouvrages de notre industrie. Ainsi les corporations prélèvent un impôt réel sur nos dépenses et ont la prétention de prélever sur les étran-

1. *Notice abrégée, Éphémérides* de 1769.
2. Indirectement, en renchérissant la construction.

Deux ans plus tard, on communiqua à Gournay des lettres où les fabricants se plaignaient vivement de la liberté qui leur avait été donnée ; Gournay renvoya les lettres aux signataires en leur demandant pourquoi ils tenaient un langage si différent de celui qu'ils lui avaient tenu à lui-même. Il fut alors constaté que les lettres étaient fausses et avaient été confectionnées par un aspirant élève-inspecteur[1], qui voulait probablement se faire apprécier de ses chefs.

Les mesures prohibitives dont nous venons de parler avaient une apparence de généralité ; elles avaient pour but de favoriser une branche de commerce ; en réalité, elles ne profitaient qu'à un petit nombre de familles bourgeoises qui avaient réussi à accaparer tout le commerce d'exportation à Marseille. Beaucoup d'autres privilèges avaient été accordés directement à des particuliers.

Ainsi des industriels avaient le *privilège exclusif* de fabriquer et de vendre tel ou tel produit. Les glaces ne pouvaient être fabriquées qu'à la manufacture royale de

1. *Journal du commerce*, avril 1761.

marchands, à faciliter la constitution de sociétés en commandite pour la fabrication de la soie et réussit à faire prendre par le Conseil une décision favorable.

Enfin, il contribua à l'introduction de la fabrication des toiles de coton dans la campagne lyonnaise; des tisserands y furent envoyés pour enseigner l'usage des métiers: des teinturiers du Levant pour apprendre à teindre[1]. Un grand nombre de bras, jusquelà inoccupés, furent bientôt employés à fabriquer ces grands mouchoirs rouges que l'habitude du tabac à priser rendait nécessaires.

En 1754, la maladie interrompit les tournées de Gournay. Il les reprit en 1755, visita La Rochelle et Bordeaux, puis en dehors de sa circonscription et sur l'ordre de Moreau de Séchelles, la partie de la Guyenne qu'il n'avait pas encore visitée et le port de Bayonne[2].

1. *Journal du commerce,* avril 1761.
2. Circulaire du 24 septembre 1755 adressée aux intendants et annonçant que Gournay se rendrait dans les provinces « pour y prendre connaissance de tout ce qui pouvait être relatif à l'objet du commerce ».

lire pour en être certain ; le fait est d'ailleurs affirmé plusieurs fois dans la correspondance de Grimm[1].

Elle fit du bruit. Les fabricants d'étoffes prétendirent que la permission d'imprimer les toiles ruinerait l'État en consommant leur ruine particulière. Une vaste cabale, dans laquelle entrèrent tous les détenteurs de privilèges industriels se forma contre Gournay. Les fabricants de cotonnades qui s'étaient récemment trouvés dans le cas des fabricants de toiles imprimées et dont Gournay avait favorisé l'installation dans le Lyonnais, se distinguèrent par l'énergie de leurs réclamations[2]. On y vit aussi les drapiers qui n'avaient rien à perdre de

1. 15 octobre 1755 : « A la suite de ce morceau, vous trouverez des observations sur cet examen que nous devons à M. de Gournay, intendant du commerce et homme d'un mérite généralement reconnu. »

1er juin 1758 : « La question des toiles peintes débattue, il y a quelques années entre M. de Forbonnais et M. de Gournay, devient aujourd'hui une matière d'État.

15 juillet 1758 : « M. l'abbé Morellet ne devait pas réussir dans une chose que M. de Gournay avait entreprise sans succès. »

2. *Journal du commerce*, avril 1761.

» mis la nation en état de lever un tribut sur
» la plupart des autres peuples de l'Europe,
» en pourvoyant à leur subsistance, sans
» jamais avoir d'inquiétude pour la sienne
» propre... C'est relativement aux princi-
» pes de Child que dans la vue d'augmenter
» la circulation, le Gouvernement anglais a
» fait rendre une loi pour favoriser le trans-
» port des dettes... sans avoir forcément
» recours aux paiements en argent. C'est
» encore en suivant les principes de cet
» auteur qu'il a tenté à diverses reprises de
» réduire l'intérêt de l'argent et qu'il y a
» réussi. »

Le passage que nous venons de citer forme presque tout l'avertissement du livre de Gournay. C'est donc en vue principalement de provoquer une réduction du taux de l'intérêt et de « gagner de vitesse les Espagnols », ainsi qu'il l'avait dit à Trudaine, que l'intendant du commerce s'adressait au public.

Par quels moyens estimait-il qu'on pouvait arriver au résultat cherché ? Fallait-il que l'autorité contraignît les capitaux à se louer à bas prix ? Il ne le disait pas. Mais une lettre qu'il adressa à Choiseul, alors am-

DU MÊME AUTEUR

Du Pont de Nemours et l'école physiocratique
par G. SCHELLE, in-8°. Guillaumin et Cie.

Lavoisier, par G. SCHELLE et E. GRIMAUX, in-32.
Guillaumin et Cie.
(XVIe vol. de la Petite bibliothèque économique française et étrangère.

———

Les documents qui ont été utilisés dans ce volume étaient réunis
depuis longtemps lorsque la Société littéraire et artistique, *La Pomme*,
demanda une étude sur VINCENT DE GOURNAY. L'auteur acheva et
présenta son travail. Le jury du concours, à l'unanimité, lui a décerné
la plus haute récompense dont il pouvait disposer.

CHALON-SUR-SAÔNE, IMPRIMERIE DE L. MARCEAU

G. SCHELLE

VINCENT DE GOURNAY

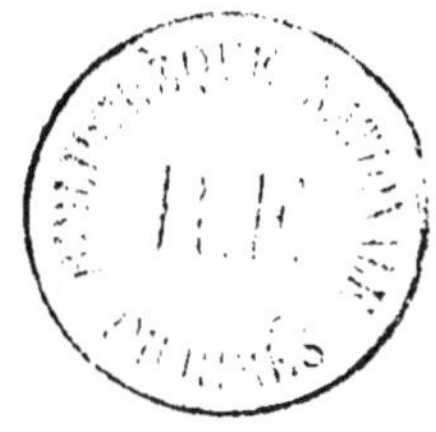

Laissez faire, laissez passer.

PARIS

GUILLAUMIN ET Cie

ÉDITEURS DU JOURNAL DES ÉCONOMISTES

RUE RICHELIEU, 14

1897

VINCENT DE GOURNAY

I

Le protectionnisme et les privilèges industriels au milieu du xviiiᵉ siècle. — Vincent de Gournay. — Son éloge par Turgot ; autres documents le concernant. — Ses lettres et ses mémoires inédits.

L'homme dont nous allons parler n'a jamais occupé de grandes places, il n'a été mêlé à aucun événement historique, il n'a écrit aucun livre. Cependant il a exercé une influence très réelle sur son temps et aussi sur le nôtre. Il a été, en effet, l'un des fondateurs de l'économie politique, le promoteur de l'établissement de la liberté du travail en France et l'inventeur de la célèbre formule : « Laissez faire, laissez passer, » que tout le monde connaît, dont peu de gens comprennent le sens, mais qui a servi à étendre l'action individuelle et à réduire celle de l'État.

Pour saisir la portée de l'œuvre de Vincent de Gournay, il faut se rappeler quels étaient encore les principes dirigeants du gouvernement au milieu du xviiie siècle. Rien ne devait échapper à la protection royale. L'industrie était protégée: des prohibitions et des droits de douane élevés arrêtaient à la frontière les produits venus de l'étranger; à l'intérieur, le travail était monopolisé entre les mains des corporations et des détenteurs de privilèges exclusifs, de sorte que la concurrence existait à peine dans la plupart des métiers. Le consommateur était aussi protégé : dans son intérêt, la fabrication des produits industriels était réglementée; la production des céréales et leur circulation étaient surveillées; il était interdit d'exporter des grains hors du royaume et souvent d'en transporter d'une province à l'autre. Bien loin d'avoir modifié les errements suivis avant eux, la plupart des ministres de Louis XV avaient, sous prétexte de protection, multiplié les monopoles et accru la réglementation. Machault, qui occupait le contrôle général en 1750, avait renouvelé l'ancienne prescription d'après laquelle il était défendu de planter des vignes sans permission, afin que la terre ne fût pas détournée de sa fonction naturelle et put produire tout le blé nécessaire aux habitants.

Ce système de protection, ce protectionnisme, qui s'étendait à une foule d'objets, était une forme atténuée de l'ancien despotisme seigneurial. En usurpant sur la féodalité pour centraliser tous les pouvoirs dans sa main, le roi était resté, au moins théoriquement, le maître de la personne, du travail et des biens des sujets. Comme les mœurs s'étaient améliorées, il n'agissait pas par pur arbitraire, ainsi que les seigneurs aux premiers temps du moyen âge : il avait des vues générales et entendait travailler au bonheur des sujets. Selon la vieille métaphore, il était le berger qui mène son troupeau et qui emploie ses chiens, non pas seulement à défendre le bétail contre les loups, mais à le pousser où l'herbe est nourrissante et où elle peut être tondue sans inconvénients pour la terre.

L'intention était souvent excellente ; les résultats presque toujours déplorables, attendu que les gouvernants ignoraient les lois sociales naturelles et étaient uniquement guidés par les apparences des faits.

La famine était un événement possible : en conséquence, le commerce des céréales était en tout temps soigneusement réglementé. Le Gouvernement voulait que la richesse vînt dans le pays, et il confondait l'argent avec la richesse ; il prenait donc des mesures pour favoriser la fabrication des produits qui, selon son jugement, pouvaient le plus facilement se vendre à l'étranger et attirer l'argent du dehors.

Personne en France ne pouvait se livrer aux occupations que les gouvernants n'estimaient point conformes au bien général du pays ou au bien particulier des individus, car la confusion entre les intérêts collectifs et les intérêts privés était permanente. Est-il besoin d'en donner des exemples ? Louis XIV n'a t-il pas voulu contraindre ses sujets à faire leur salut malgré eux, et n'a t-il pas révoqué l'Édit de Nantes ?

L'un des résultats du protectionnisme avait été de faire naître, à côté des privilèges personnels qui avaient résisté à la destruction de la féodalité, un grand nombre de privilèges nouveaux, d'une importance au moins aussi grande que ceux de la noblesse et dont profitaient les individus et les groupes qui avaient réussi à faire croire que leurs intérêts étaient dignes de la sollicitude royale.

« Des privilèges, a dit l'économiste Le Trosne, il en est de tout genre et de toute espèce, de toute taille, de toute figure, et de toute couleur[1]. »

Et, en effet, les provinces, les villes, les ports avaient des privilèges ; les associations d'artisans, les compagnies d'actionnaires, les industriels, les marchands en avaient d'autres. Tous avaient pour objet de limiter la concurrence en faveur de bourgeois isolés ou syndiqués. S'imaginer que, sous l'ancien régime, les membres des deux premiers ordres aient eu seuls des privilèges, est une grossière erreur. Une partie du tiers avait les siens et de gros avantages pécuniaires y étaient attachés.

Lorsqu'au milieu du dix-huitième siècle, les philosophes commencèrent à battre en brèche les vieilles institutions, ils s'attaquèrent au protectionnisme religieux que les persécutions contre les protestants et contre les jansénistes avaient rendu insupportable,

1. De l'utilité des discussions économiques : *Recueil de plusieurs morceaux économiques*, 1768, in-12.

et aux privilèges nobiliaires dont l'inutilité sociale était devenue évidente. Quant au protectionnisme industriel et aux privilèges qu'il avait engendrés, l'honneur de les avoir attaqués revient exclusivement aux économistes. Ce sont eux qui, en montrant l'existence de lois naturelles dans le monde social, ont prouvé que la seule protection légitime est la protection collective, impersonnelle, égale pour tous, et ont réellement préparé l'œuvre de 1789.

Vincent de Gournay est le premier qui ait entamé la lutte contre les procédés pédantesques des gouvernants et contre la cupidité particulière des protégés. Il a devancé Quesnay de quelques années, Turgot de près de vingt ans. Il n'a agi que dans un cercle restreint, mais avec assez d'ardeur et de puissance pour faciliter grandement le travail de ses successeurs.

Cependant, les renseignements publiés jusqu'ici sur lui se réduisent à peu de chose. On ne sait guère de ses actes que ce qu'en a dit Turgot, son disciple, dans l'éloge qu'il lui a consacré, peu de temps après l'avoir perdu.

Certes, l'*Éloge de Gournay* [1] est un beau livre et l'un des plus utiles qui aient été mis au jour, car il éclaircit un problème bien important pour l'humanité, celui de savoir quel est l'objet du gouvernement dans une société. Mais il n'a que quelques pages et contient peu de faits. C'est d'ailleurs un éloge, autrement dit un morceau où l'auteur le plus sincère est en quelque sorte tenu d'embellir le rôle de celui de qui il parle. Il renferme un admirable exposé de doctrine, sans qu'on puisse être absolument certain que cette doctrine appartienne entièrement à Gournay, et que Turgot n'ait pas prêté quelques-unes de ses propres idées à celui qu'il regardait modestement comme son maître.

En outre, l'éloge n'a pas été publié dans son intégralité au moment où il a été écrit. C'est seulement dans la grande édition que Du Pont de Nemours a donnée des *Œuvres de Turgot*, sous le premier Empire, qu'on en trouve la reproduction complète. Elle y est précédée d'une lettre à Marmontel, directeur du *Mercure*, lettre datée du 22 juillet 1759 et ainsi conçue :

1. La dernière édition se trouve dans le volume *Turgot* de l'excellente *Collection des principaux économistes*.

« Je n'ai point oublié, Monsieur, la note que je vous ai promise sur M. de Gournay. J'avais même compté vous la remettre lundi[1] dernier chez Madame Geoffrin, mais ne vous ayant pas trouvé et ne vous croyant pas d'ailleurs très pressé, je l'ai rapportée chez moi dans l'espoir que j'aurais peut-être le temps d'achever l'ébauche de l'Éloge que je voudrais faire de cet excellent citoyen. Puisque vous n'avez pas le temps d'attendre, je vous en envoie les traits principaux esquissés trop à la hate, mais qui peuvent vous aider à le peindre et que vous emploierez sûrement d'une manière beaucoup plus avantageuse pour sa gloire que je n'aurais pu le faire.»

Quand on se reporte au *Mercure*[2], on y lit une brève notice nécrologique, dont toutes les phrases, à quelques mots près, sont dans l'*Éloge*, tel que nous le connaissons ; mais où l'exposé de doctrine, qui rend l'*Éloge* si précieux, fait défaut.

Que la censure ait coupé la copie de Turgot, c'est possible, eu égard à la date ; que Marmontel ait jugé la notice trop longue, trop

---

1. Soit le 14 juillet. Gournay était mort le 27 juin.
2. Numéro d'août 1759.

sérieuse ou trop hardie pour le *Mercure,* c'est encore possible. Mais comme on ne peut vérifier le fait, on ne peut pas affirmer que Turgot n'a pas complété après coup[1] son travail, surtout quand on calcule que celui qu'il avait préparé pour Marmontel avait dû être écrit en quinze jours.

En raison de ces diverses circonstances, la valeur historique de l'*Éloge* peut être discutée, quelque confiance qu'on doive avoir dans la probité exceptionnelle de Turgot, nul homme n'ayant plus détesté le mensonge chez soi et chez les autres.

Les autres écrivains du dix-huitième siècle ne fournissent pas de sérieux moyens de contrôle des dires de Turgot.

Un éloge de Gournay, écrit par Baron, membre de l'Académie d'Amiens, a été publié en 1761 par le *Journal du Commerce.* Il con-

1. Les mots *note, traits principaux esquissés à la hâte* dans la lettre à Marmontel, pourraient le faire supposer. Une phrase de l'*Éloge* tend au contraire à prouver que Turgot a remis son travail complet à Marmontel :

« Cette matière (la question des Grains) a été si clairement développée dans l'ouvrage de M. Herbert et dans l'article *Grains* de M. Quesnay que je m'abstiens d'en parler ici, M. Marmontel connaissant à fond ces deux ouvrages. »

Gournay. Le comte d'Albon dans son *Éloge de Quesnay*[1], Le Mercier de la Rivière, dans une belle défense des économistes, publiée sous le ministère de Turgot[2], Du Pont de Nemours, dans plusieurs écrits et principalement dans une note étendue de l'édition des *Œuvres de Turgot*, ont résumé la doctrine de Gournay et l'ont comparée à celle de Quesnay. Mais en leur qualité de Physiocrates, ils avaient une sorte d'intérêt à exalter le mérite de Gournay, afin d'établir qu'il n'y avait pas eu de divergences sérieuses entre lui et Quesnay et de constituer une unité de doctrine économique.

Pour être fixé sur la valeur exacte des services rendus par Gournay, il n'y avait qu'un moyen, c'était de le connaître par lui-même en mettant la main sur une partie au moins de ce qu'il a écrit.

En dehors d'une mince traduction de deux ouvrages anglais, il n'a rien publié, mais il a composé beaucoup de Mémoires ; Turgot l'atteste : « Il n'est, dit-il, presque aucune question importante de commerce et d'économie politique, sur laquelle il n'ait écrit plu-

1. *Éphémérides du citoyen* de 1775, t. V.
2. *Éphémérides*, même année, t. III.

sieurs mémoires ou lettres raisonnées. Il se livrait à ce travail avec une sorte de prodigalité, produisant presque toujours, à chaque occasion, de nouveaux mémoires, sans renvoyer aux mémoires antérieurs qu'il avait écrits, ne cherchant à s'éviter ni la peine de retrouver des idées qu'il avait déjà exprimées, ni le désagrément de se répéter. Ces morceaux cependant, jetés à la hâte sur le papier et qu'il avait oubliés, sont précieux à ne les regarder même que du côté de la composition. »

Du Pont de Nemours rapporte aussi que Morellet, dépositaire des papiers de Gournay après sa mort, a disposé, pour composer son *Dictionnaire du commerce*, toujours en train et jamais achevé, de plus de cent mémoires de l'intendant du commerce [1].

Sur ces indications, nous avons fait des recherches ; elles nous ont fourni plus que nous l'espérions.

Les Archives nationales possèdent une collection des *procès-verbaux du bureau du commerce* où sont analysés tous les rapports présentés à cette assemblée. Beaucoup de ces rapports sont de Gournay. Les analyses

---

1. *Éphémérides du citoyen* de 1769, t. V.

sont toutefois très sommaires et, quoiqu'elles soient signées des rapporteurs, elles
ne donnent pas leur opinion, mais celle du
bureau.

Les Archives ont bien mieux : un registre où
ont été copiées les lettres administratives de
Gournay, soit qu'elles aient été préparées
pour la signature de Trudaine, chef du service commercial, ou pour celle du contrôleur
général, soit, ce qui a plus de prix pour nous,
qu'elles aient été adressées par Gournay, en
son nom, à des intendants de province, à des
fonctionnaires, à Trudaine, à des ministres.

Dans ces lettres, presque privées, Gournay
s'exprime, non avec le langage mesuré d'un
membre de l'administration, mais en toute
liberté.

Aux Archives de la Chambre de commerce
de Lyon, nous avons pu nous procurer aussi
un Mémoire important de Gournay sur les
corporations des gens de métiers et une réponse curieuse de la Chambre de commerce
de cette ville[1].

Nous savions qu'un autre mémoire de
l'inventeur du *Laissez faire* avait été inséré

1. Nous adressons d'ici tous nos remerciements au
secrétaire archiviste de la Chambre, M. Marius Morand.

dans un ouvrage de Morellet sur la Compagnie des Indes et qu'en dehors de sa traduction des ouvrages de Child et de Culpeper, Gournay avait été le conseil ou le collaborateur de plusieurs écrivains.

« Il lui est arrivé souvent, dit Turgot, de faire honneur à des hommes en place des vues qu'il leur avait communiquées. Il lui était égal que le bien qui s'opérait vînt de lui ou d'un autre. Il avait le même désintéressement pour ses manuscrits; n'ayant aucun souci de gloire littéraire, il abandonnait sans réserves ce qu'il avait écrit à tous ceux qui voulaient écrire sur ces matières et le plus souvent ne gardait même pas de copies de ce qu'il avait fait. »

Grâce à des renseignements épars dans les ouvrages de Du Pont de Nemours, dans la correspondance de Grimm, et ailleurs, nous avons pu déterminer quelques-uns des livres auxquels Gournay a plus ou moins collaboré.

En somme, nous avons pu reconstituer, non les œuvres complètes du premier défenseur de la liberté du travail, il s'en faut probablement de beaucoup, mais une collection assez étendue pour pouvoir le connaître par lui-même et pour rectifier, s'il y avait lieu, ce que nous en ont dit Turgot et les Physiocrates. Hâtons-nous d'ajouter que nous n'avons eu à les prendre en défaut, ni de sincérité, ni d'exactitude. La doctrine qu'ils ont attribuée à Gournay est assurément son bien propre.

Vie de Gournay. — Sa famille. — Son séjour en Espagne. — Ses relations avec Maurepas. — Il entre au Grand Conseil. — Intendant du commerce en 1751. — Sa retraite en 1758. — Sa mort en 1759. — Son caractère.

Jacques-Claude-Marie VINCENT[1], qui s'appela plus tard M. de Gournay, naquit à Saint-Malo à la fin de mai 1712. Son acte de baptême est du 28 du mois.

Il était le fils d'un négociant considérable de la ville, Écuyer Claude Vincent, qui avait acheté une charge de secrétaire du roi, mais

[1]. Turgot dit par erreur Jean-Claude-Marie. Voici l'acte de baptême de Gournay que nous avons copié sur les registres de Saint-Malo : « Jaques, Claude, Marie, » Vincent, fils d'Ecuyer Claude Vincent, conseiller » secrétaire du roi, maison et couronne de France, et de » Dame Françoise Thérèse Seré, sa femme, a été baptisé par moi soussigné le 28ᵉ mai 1712, a été parrain » Ecuyer Jaques Vincent, sieur des Bassablons, conseiller secrétaire du roi, maison et couronne de France, » et marraine Dame Jeanne Guichet, Dame de la Ville » Materre, qui ont signé :
» Jeanne Guichet, J. Vincent des Bassablons, Claude » Vincent, Joseph Gouin, chanoine, vicaire perpétuel » de St-Malo, baptisavi. »

qui n'avait pas cru déroger en continuant à s'occuper de commerce [1]. Sa mère, Françoise-Thérèse Séré de la Ville Materre [2] appartenait aussi à une des familles notables de Saint-Malo [3].

A cette époque, on n'avait pas sur l'avenir des enfants les mêmes préoccupations qu'aujourd'hui, car Claude Vincent, qui se maria le 14 avril 1711, porta un an plus tard son premier né, Jacques Claude, au baptême, puis successivement, en moins de huit ans, sept autres enfants [4], et nous n'avons pas poussé nos recherches plus loin que 1720.

1. Baron.

2. Elle était fille d'écuyer Jean Séré, sieur de la Ville Materre, conseiller, secrétaire du roi, et de Jeanne Guichet. (D'après l'acte de mariage de Claude Vincent.)

3. Une rue porte à Saint-Malo le nom de Vincent-de-Gournay ; mais ce nom a été donné au hasard ; on ne sait ni dans quelle maison, ni même dans quel quartier Gournay est né. Nous n'avons non plus trouvé nulle part de portrait de lui.

4. Jean-Baptiste, baptisé le 10 mai 1713.
Jean-René, le 20 avril 1714.
Joseph-François, le 8 septembre 1715, mais il avait été ondoyé le 12 mars précédent.
Françoise-Thérèse, le 19 août 1716.
Pierre-Jean, le 29 octobre 1717.
Reyne-Jeanne-Félicité, le 20 octobre 1718.
Bernard, le 21 mai 1720.

La conséquence était que les enfants devaient embrasser une carrière de bonne heure; aussi dès que Jacques-Claude eut achevé son éducation qui, au témoignage de Baron, avait été très bonne, fut-il envoyé à Cadix faire du commerce. Il avait dix-sept ans à peine.

« Abandonné de si bonne heure à sa propre conduite, il sut, dit Turgot qui semble constater avec quelque complaisance ce trait de ressemblance avec lui-même, se garantir des écueils et de la dissipation trop ordinaires à cet âge. Pendant tout le temps qu'il habita Cadix, sa vie fut partagée entre l'étude, les travaux de son état, les relations sans nombre qu'exigeait son commerce et celles que son mérite personnel ne tarda pas à lui procurer. » Par son intelligence, par sa probité, par l'aménité de son caractère, il sut, en effet, conquérir la considération de tous ceux qu'il connut.

« Son active application, dit encore Turgot, lui fit trouver le temps d'enrichir son esprit d'une foule de connaissances utiles et de ne pas même négliger celles de pur agrément. »

Vincent séjourna quinze ans en Espagne et fit plusieurs voyages à Madrid et dans les provinces ; il put donc observer sur place le protectionnisme industriel dans toute sa beauté ; dans ce pays, comme en France, rien n'avait été négligé pour limiter le travail et les échanges, sous prétexte de les favoriser.

Le commerce des colonies de l'Amérique du Sud était réservé à la métropole, et dans ce but, le Gouvernement avait interdit aux colonies de communiquer avec l'étranger, et même de communiquer entre elles. Séville, par sa situation sur l'Atlantique, avait d'abord accaparé de fait le commerce colonial ; elle avait ensuite obtenu un monopole de droit pour les retours d'Amérique, et plus tard pour les expéditions. La dimension des vaisseaux de long cours ayant toutefois augmenté, il était devenu impossible de leur faire remonter le Guadalquivir, et Cadix s'était substitué peu à peu à Séville. Au moment où le jeune Vincent s'installa en Espagne, Cadix était l'entrepôt général du commerce avec l'Amérique du Sud, non seulement pour l'Espagne, mais pour l'Europe, car les étrangers qui voulaient établir des relations avec l'Amérique devaient passer par Cadix et couvrir le nom de leur maison d'un nom espagnol.

Les autres branches du commerce et de l'industrie n'étaient pas moins réglementées et monopolisées que le commerce colonial. Les officiers de justice et leur subordonnés devaient être vêtus de noir, dans l'intérêt des manufactures de draps, qui, pour les draps de couleur, ne pouvaient lutter avec l'étranger. L'usage des soies, autres que les soies indigènes ou des pays alliés, était interdit; la mesure, la fabrication, le poids des étoffes étaient réglés par la loi. Les marchandises de toute espèce étaient grevées à la sortie de l'Espagne de droits énormes, qu'on augmentait sans cesse, parce qu'on se figurait que l'étranger les payait seul. A l'intérieur, certains manufacturiers possédaient des privilèges presque féodaux, qui avaient été étendus à leurs ouvriers et aux aubergistes qui leur donnaient à manger. Enfin, une foule de lois, inconnues de beaucoup de fabricants, réglementaient l'industrie et la soumettaient à la surveillance plus ou moins arbitraire des inspecteurs des manufactures ou des alcades [1].

Tous ces faits éclairèrent Vincent sur les mérites des gouvernements providentiels. Il savait observer ; il avait lu les principaux ouvrages qui avaient été publiés sur le commerce dans les divers pays, surtout chez les Anglais dont, « pour cette raison, il s'était rendu la langue familière [2] ». Il avait pu ainsi se faire peu à peu des principes généraux sur une matière que les commerçants se bornent ordinairement à envisager au point de vue de leurs profits personnels.

En 1774, « quelques entreprises qui devaient être concertées avec le gouvernement français » l'appelèrent en France. Quelles étaient ces entreprises ? Turgot ne s'explique pas. Nous étions en pleine guerre ; après le combat de Toulon, dans lequel l'escadre combinée de la France et de l'Espagne avait maltraité la flotte anglaise, les deux alliés s'étaient brouillés. Le voyage de Gournay se rattachait-il à cette circonstance ; avait-il

1. Ustarritz, *Théorie et pratique du commerce et de la marine* (1724) ; traduction libre *de Forbonnais*, 1755. — Raynal, *Histoire philosophique des deux Indes*.
2. Turgot, *Éloge*.

Il s'apprêtait à rentrer en France, pour aller visiter l'Allemagne et l'Italie, et retourner ensuite en Espagne, quand il apprit que l'associé de sa maison était mort en lui léguant tous ses biens[1]. Il était encore en Angleterre quand cette nouvelle lui parvint. Se jugeant assez riche « pour ses désirs modérés », il quitta les affaires, s'installa à Paris, et prenant le nom d'une terre dont il avait hérité, s'appela désormais M. de Gournay, ou plus exactement M. le marquis de Gournay[2].

Le Gouvernement, sans doute à l'instigation de Maurepas, songea à l'envoyer défendre les intérêts commerciaux de la France aux conférences de Breda, que la France, l'Angleterre et la Hollande avaient ouvertes au mois de septembre 1746 pour aviser aux moyens de faire la paix. Le projet échoua, parce que les conférences furent brusquement rompues[3], à la suite de l'entrée en Hollande des troupes françaises. Mais Maurepas tenait à ce

1. Jamets de Villebarre, mort en 1746.

2. Turgot dit simplement le sieur de Gournay. Mais le titre de marquis est donné à Gournay dans les procès-verbaux de levée des scellés après sa mort et après celle de sa femme, conservés aux Archives nationales.

3. Mai 1747.

que les talents de Gournay fussent utilisés et l'engagea à diriger ses vues vers une intendance du commerce.

En attendant une vacance et, pour avoir un pied dans l'administration, Gournay acheta une charge de conseiller au Grand Conseil[1] (1749). Bientôt après, il épousa la fille du greffier en chef de ce Conseil, Clothilde de Verduc, avec laquelle il « vécut en grande union » et s'installa rue de Richelieu, « dans une grande maison à porte cochère», au coin de la rue Neuve-Saint-Augustin[2]. Il possédait le château de Gournay[3] ; sa femme, celui de Plessis-Saint-Antoine, en

---

1. Sorte de tribunal des conflits.

2. Quand il entra au Grand Conseil, il habitait rue Grange-Batelière (*Almanach Royal*.)— Il mourut dans sa maison de la rue de Richelieu. (Procès-verbal de levée des scellés après son décès.) Lejeune, *Histoire de Paris, rue par rue, maison par maison,* ne signale au coin des rues Richelieu et de la rue Neuve-Saint-Augustin qu'un petit hôtel ayant appartenu à la marquise de Villarceaux. Il existe encore à l'un des angles de ces deux rues une grande maison à porte cochère, rue de Richelieu, 79. Est-ce celle de Gournay ? Nous l'ignorons.

3. Nous ne pouvons pas affirmer que ce soit la terre de Gournay-sur-Aronde, érigée en marquisat en 1693.

Brie[1] ; le ménage devait donc avoir une large aisance ; c'était une condition indispensable pour occuper une charge d'intendant du commerce qui coûtait cher et rapportait peu.

Unie à un office de maître des requêtes, elle avait été taxée au prix de 200.000 livres[2] et ne produisait, en dehors des gages de l'office, que 12.500 livres par an, sur lesquels il fallait prélever des frais de bureau et de commis ; elle était, en réalité, si onéreuse qu'en 1776, Turgot qui en abolit la vénalité[3], donna comme motifs que l'un des postes d'intendant était resté vacant pendant plusieurs années, faute de trouver un titulaire.

Gournay sollicita néanmoins la première charge qui devint libre[4] et l'obtint grâce à l'appui de Machault ; son premier protecteur, Maurepas, avait été renvoyé du Ministère en avril 1749 à la suite de ses plaisanteries sur Mme de Pompadour.

---

1. Paroisse de Chênevières ou Chennevières-sur-Marne (Seine-et-Oise).
2. Par édit de juin 1724.
3. Édit du 7 mars 1776. Les intendants devaient être choisis dorénavant parmi les membres du Conseil ou des Cours souveraines.
4. Par la mort de l'intendant Letourneur.

Gournay prit ses fonctions au commencement de 1751, et les conserva pendant sept ans. Il se consacra si complètement à ses devoirs administratifs qu'il négligea ses affaires personnelles, et essuya des pertes sur les fonds qu'il avait laissés en Espagne. Pour rétablir sa fortune, il songea à reprendre le commerce. C'est du moins l'explication que Turgot donne de sa démission, qui fut remise au contrôleur général au commencement de 1758[1]. Mais les difficultés que suscitaient à Gournay les nombreux privilégiés auxquels il s'était attaqué, les contradictions qu'il rencontrait dans l'administration, l'impossibilité où il se trouvait alors de faire aboutir aucun de ses projets, enfin l'état de sa santé entrèrent pour une large part dans sa détermination. Les preuves des dégoûts qu'il éprouva à la fin de sa carrière sont

1. Gournay vendit aussi sa charge de conseiller, en conservant le titre d'honoraire. Il est noté dans le Registre où sont copiées ses lettres que « M. de Cotte, pré- » sident honoraire au Parlement et maître des requêtes, » a succédé à la charge d'intendant du commerce dont » M. de Gournay a donné sa démission volontaire », et qu'il fut promu, le 31 mai 1758.

nombreuses. Nous nous bornerons, quant à présent, à signaler ce qu'a écrit le marquis de Mirabeau dans une sorte d'invocation : « Lassé du rôle infructueux d'être la voix du désert, tu te retiras du sanctuaire de ce peuple à goître qui te trouvait difforme de n'en avoir point[1]. »

Des « personnes en place » engagèrent Gournay à solliciter les bienfaits de la cour, il s'y refusa : « Je ne m'estime pas assez, leur dit-il, pour croire que l'État doive acheter mes services ; j'ai toujours regardé de pareilles grâces comme d'une conséquence dangereuse, surtout dans les circonstances où se trouve l'État ; je ne veux point qu'on puisse me reprocher de me prêter, pour mon intérêt, à des exceptions à mes principes. » La seule faveur qu'il demanda fut de conserver l'entrée au bureau du commerce, en obtenant le titre d'intendant honoraire ; elle lui fut immédiatement accordée, bien qu'il n'eût pas le temps de service requis par les règlements[2].

1. *Éphémérides de* 1768, tome III.
2. Arrêt du Conseil du 16 juin 1758. — Déjà cité par M. Biollay, *Le Pacte de famine*.

Silhouette, entra quelques mois plus tard au contrôle général ; il connaissait et estimait Gournay qui l'avait soutenu dans une lutte contre la Compagnie des Indes ; il le fit inviter à assister chaque semaine à des conférences que tenaient les intendants du commerce, en sa présence. Puis, lorsqu'il réforma les fermes et en cassa le bail pour les mettre en actions, il lui offrit l'un des quatre postes de commissaire du roi, qu'il venait d'établir pour assister aux séances des comités et surveiller la reddition des comptes[1] ; Gournay n'était plus en état d'occuper un emploi.

Sa santé déclinait rapidement. En 1754, il avait déjà subi l'extraction d'une « loupe placée dans le dos ». Une tumeur à la hanche[2] et qu'il fut impossible de résoudre, l'emporta le 27 juin 1759. Il avait quarante-sept ans. Sa femme ne lui survécut que peu de temps ; elle mourut le 5 décembre 1760[3]. Gournay n'avait pas eu d'enfants.

1. Deux arrêts du 17 avril 1759 avaient, l'un modifié l'organisation des fermes, l'autre créé les postes de commissaires.

2. Turgot dit une loupe.

3. Procès-verbal de la levée des scellés après son décès.

C'est vers 1754 que Turgot s'était lié à lui[1]. Jeune encore et désireux de s'instruire, le futur ministre l'accompagna dans des voyages qu'il fit l'année suivante dans l'ouest de la France, pour se rendre compte de l'état et des besoins de l'industrie.

« Sa reconnaissance, rapporte Du Pont de Nemours, a regardé comme un des événements qui ont le plus avancé son instruction le bonheur qu'il eut d'accompagner M. de Gournay dans ses tournées. »

Depuis lors, Turgot s'éloigna peu de Gournay qu'il estimait autant pour les qualités du cœur que pour les talents. « Une gloire bien » personnelle à M. de Gournay, a-t-il dit, est » celle de sa vertu. » Dans la bouche d'un homme aussi scrupuleusement honnête que le fut Turgot, une telle louange n'est pas banale.

Le caractère de Gournay paraît avoir eu des qualités exceptionnelles. « Sa vertu, appuyée sur un sentiment profond de justice et de bienfaisance, en a fait un homme doux, modeste, indulgent dans la société,

1. A l'occasion d'une traduction que **Turgot** fit d'un pamphlet de Josias Tucker. Du Pont, *Mémoires sur Turgot*.

irréprochable et même austère dans sa conduite et dans ses mœurs ; mais austère pour lui seul, égal et sans humeur dans son domestique, occupé dans sa famille de rendre heureux tout ce qui l'environnait, toujours disposé à sacrifier ce qu'il ne regardait pas comme un devoir. » C'est Turgot qui s'exprime ainsi, mais d'autres parlent de même : Baron signale l'austérité et l'urbanité de Gournay. Un des détracteurs du système libéral a écrit que, quand on rappelait à l'intendant les efforts faits pour empêcher les ouvriers français d'émigrer, il souriait amèrement[1] ; le mot fut vivement relevé par un des rédacteurs du *Journal du Commerce*[2], probablement l'abbé Roubaud : « Le sourire de M. de Gournay, ne fut jamais amer, il était au contraire fort doux. » Les amis de Gournay sont aussi d'accord pour reconnaître qu'il aimait à être contredit[3] ; il avait de la vivacité[4], il parlait avec chaleur et esprit, en recourant au besoin à la plaisanterie, mais

1. *Journal du Commerce* de janvier 1761.
2. Même journal, 2 août 1761. *Observations sur un article du mois de janvier 1761, concernant M. de Gournay.*
3. Turgot, *Éloge*, et *Journal du Commerce* d'avril 1761.
4. Baron.

dénué de vanité, il répondait aux objections les plus absurdes avec simplicité, aux aigreurs avec sang-froid, sans jamais se départir de sa politesse habituelle et était toujours prêt à modifier son opinion quand on lui montrait la vérité.

En résumé, Gournay était tout à la fois un homme sympathique et un homme digne de respect. Aussi, en 1775, quand La Rivière eut à défendre les économistes contre les attaques dont ils étaient l'objet, put-il se retrancher en quelque sorte derrière la réputation de Gournay et dire aux adversaires de la liberté du commerce : « Nous demandons ce qu'il demandait et M. de Gournay n'était pas un méchant homme[1]. »

1. *Éphémérides*, 1775, t. III.

III

L'administration du commerce au temps de Gournay.—
Le conseil du commerce. — Les députés des villes.
— Les Intendants du commerce. — Trudaine. — Les
contrôleurs généraux : Machault, Moreau de Séchelles.

Le protectionnisme industriel exigeait une
forte organisation administrative. Aux juges
incombait le soin, souvent laborieux, de sta-
tuer sur les multiples difficultés que soulevait l'appréciation des droits dévolus aux protégés. Le Gouvernement avait, de son côté,
à préparer les règlements de l'industrie, à
accorder ou à refuser des privilèges nouveaux, à faire des lois générales.

Depuis le commencement du xviiie siècle,
les décisions les plus importantes étaient
prises en Conseil du roi ou plus exactement
en *Conseil du Commerce*. Cette assemblée pré-
sidée nominalement par le roi était composée
de quelques personnages marquants et des
trois chefs des Ministères auxquels ressortis-
saient les affaires commerciales : le contrôle

général, le ministère de la marine et le ministère des affaires étrangères [1].

En réalité, le Conseil fonctionnait peu ; « il ne s'assemble jamais », dit d'Argenson [2]. Toute la besogne était faite par le *bureau pour les affaires du commerce*, ou en abrégeant par le *bureau du commerce* qui préparait les décisions administratives et dont faisaient partie plusieurs membres du Conseil du commerce [3], et, avec eux, deux conseillers d'État [4], un intendant des finances [5] l'intendant de la généralité de Paris [6], le lieutenant de police [7] et les quatre intendants du commerce.

1. Il avait été créé par arrêt du 29 juillet 1700 sur la proposition de Chamillart.

En 1750, il comprenait, en dehors des trois ministres (Machault pour le contrôle général, Rouillé pour la marine, de Puysieux pour les affaires étrangères), le cardinal de Tencin, le chancelier d'Aguesseau, le maréchal de Noailles, le conseiller d'État Machault, l'intendant des finances Trudaine. Deux intéressés aux fermes, désignés par le contrôleur général, pouvaient être appelés au Conseil quand la nature des affaires le motivait.

2. *Mémoires*. L'observation date de 1736.

3. Noailles, Rouillé, Machault, Trudaine.

4. Feydeau, d'Aguessau.

5. Olry de Falvy.

6. Berthier de Sauvigny.

7. Berryer.

D'après l'acte qui l'avait institué, le bureau devait examiner les « requêtes que l'administration lui renvoyait » et proposer des solutions « pour toutes les difficultés concernant le commerce de terre et de mer et les fabriques et manufactures[1] ».

Les intendants du commerce dépendaient du contrôle général, mais étaient placés sous les ordres d'un intendant des finances ; en 1751, ce fonctionnaire était Trudaine, à qui Machault venait de confier *le détail du commerce* et qui le garda effectivement jusqu'en 1759.

Chaque intendant du commerce avait, dans ses attributions une ou deux de nos grandes industries : le premier, les papeteries et les tanneries ; le second, les bas et la bonneterie ; le troisième, les toiles ; le quatrième, les soies. Les autres industries étaient réparties entre eux d'après la région. La circonscription de Gournay comprenait le Lyonnais, Forez et Beaujolais, la Bourgogne, duché et

1. A partir de 1750, le bureau fut présidé par le conseiller d'État Feydeau de Brou, qui le réunissait chez lui une fois par semaine pendant l'hiver. Il n'y avait pas de séances pendant l'été.

bité reconnue et de capacité et expérience au fait du commerce ».

Le bureau adoptait presque toujours l'avis des députés ; les procès-verbaux des séances se terminent à peu près invariablement par cette phrase : « MM. les députés ont été d'avis que..., MM. les commissaires (ainsi étaient appelés les membres du bureau), à l'unanimité, ont été du même avis. » C'étaient donc les députés des villes qui menaient l'administration du commerce.

Quant aux mesures d'exécution, en suite des avis émis par le bureau, et aux solutions des affaires peu importantes, elles étaient préparées par les intendants du commerce, sous la direction de Trudaine, et soumises, quand elles le méritaient, à l'approbation du contrôleur général.

Avec cette organisation, l'action personnelle des intendants du commerce était très bornée. Ils n'étaient que des agents consultatifs sans pouvoir de décision. Avant de se présenter devant le bureau, ils avaient à consulter les intendants des provinces dont la situation était presque indépendante et à qui l'administration centrale adressait moins des ordres que des conseils ; ils avaient ensuite à se mettre d'accord avec les députés des villes, sur les conclusions à proposer au bureau, puis à convaincre la majorité du bureau, formée de fonctionnaires peu au courant des affaires commerciales et peu soucieux d'innover. Dans l'administration même, ils avaient à ménager les préjugés de leurs chefs, c'est-à-dire de Trudaine et du contrôleur général. S'ils parvenaient à acquérir quelque autorité, c'était plus en raison de leur valeur personnelle que de leurs fonctions.

Des trois collègues de Gournay, un seul comptait[1] : Michau de Montaran, personnage remuant, sachant se donner de l'importance et peu scrupuleux, si l'on en croit les bruits qui ont couru à son sujet[2]. C'était un défenseur

1. Les autres étaient Doublet de Persan, intendant de 1734 à 1757, et Boula de Quincy, intendant de 1745 à 1756.

2. Intendant de 1744 à 1782, Michau de Montaran fut remplacé de fait, bien avant cette dernière date, par son fils qui eut la survivance de sa charge. C'est contre ce dernier que Condorcet fit la satire : *Michel et Michau*, « Très digne fils de son très digne père », y est-il dit. Or le père fut accusé d'avoir profité de sa situation de commissaire de la Cie des Indes pour envoyer à Dupleix des pacotilles de rebut au lieu de bonnes étoffes. (*L'Espion dévalisé*, p. 238.)

obstiné de la réglementation, et l'instigateur
d'une foule de mesures restrictives et mala-
droites; il fut le constant adversaire de
Gournay [1]. Celui-ci l'emporta par sa supériorité intellectuelle et par la fermeté de ses
convictions; à peine entré dans l'administration du commerce, il y occupa une place
exceptionnelle.

Trudaine paraît avoir tout d'abord hésité
à le suivre. Administrateur prudent, attaché à la forme, froid jusqu'à la raideur
et peu abordable, surtout pour ceux qui solli-
citaient des faveurs, il n'avait, quand il prit
la direction du service commercial, aucune
opinion arrêtée. Il écoutait tout, dit un bio-
graphe, profitait de ce qui lui paraissait utile
et savait encourager les différents partis en
les conciliant [2]; il voulait, en outre, ménager
les députés du commerce avec qui il était
en correspondance; mais il avait, à un haut

1. Lettre de Turgot à Mlle Lespinasse du 26 janvier
1770, à propos de Galiani : « Il a l'art de tous ceux qui
veulent embrouiller les choses claires, des Nollet disputant contre Franklin sur l'électricité, des Montaran
disputant contre de Gournay sur la liberté du commerce. »

2. *Éloge de Trudaine* lu à l'Académie des sciences, le
5 août 1769.

degré, le souci du bien, n'avait pas de préventions, et ne demandait qu'à s'instruire. Avec ses amis, il se dépouillait de sa raideur, devenait sensible, simple et modeste ; il discutait avec eux volontiers, profitait de leurs lumières et étendait ainsi le cercle de ses connaissances déjà très vastes en administration et en politique. Gournay pénétra dans l'intimité de cet homme distingué [1] et parvint à le convaincre. Quand il avait à lui proposer une nouveauté, il l'appuyait d'une lettre particulière, où il exposait ses principaux arguments ; échouait-il dans sa tentative, il attendait et revenait à la charge, dès qu'une occasion se présentait.

Si Trudaine avait quelque peine à accepter une idée nouvelle, il s'y tenait avec fermeté une fois qu'il l'avait adoptée ; lorsqu'il eut compris le système de son collaborateur, il en fut le plus solide soutien. Or, il pouvait beaucoup ; consulté par les ministres sur les questions les plus étrangères à ses fonctions, ayant refusé plusieurs fois le contrôle général pour se consacrer au service des ponts

1. Cet ancien et respectable magistrat aimait tendrement Gournay. Du Pont, *Mémoires sur Turgot*.

et chaussées qu'il dirigea jusqu'à sa mort, il avait dans le gouvernement de Louis XV une situation considérable, rehaussée par l'éclat d'une grande fortune qui lui était venue de sa mère, petite fille de Mme de La Sablière, l'aimable Iris, protectrice de La Fontaine [1].

Gournay obtint aussi l'appui de Chauvelin [2], intendant des finances, qui avait dans ses attributions les principaux impôts, notamment les cinq grosses fermes, et qui avait été nommé

1. Les débuts de Trudaine avaient été moins heureux. Il venait d'entrer au Parlement (1721), quand son père Charles, prévôt des marchands, fut révoqué pour avoir refusé de fermer les yeux sur des fraudes commises dans les incinérations des billets de la banque de Law. « Vous êtes trop honnête homme pour nous, lui avait dit le régent. » Charles Trudaine survécut peu à sa disgrâce et laissa une si modique fortune que son fils ne put acheter un office de maître des requêtes. Un mariage avec la nièce de l'intendant des finances Gaumont procura à Daniel Trudaine l'intendance d'Auvergne (1730). Il succéda ensuite à Gaumont comme intendant des finances (1734), et eut d'abord le service des domaines, puis celui des fermes générales. Orry lui donna en 1743 le service des ponts et chaussées dans lequel il a laissé la réputation d'un administrateur de premier ordre. Trudaine est né à Paris le 3 janvier 1703. Sa mère mourut en 1740.

2. Ancien intendant d'Amiens, nommé intendant des finances en mai 1751.

au moment même où Trudaine avait été chargé du détail du commerce.

Mais il ne suffisait pas d'avoir pour soi les fonctionnaires de second rang, il fallait aussi vaincre l'inertie ou les méfiances du contrôleur général. Trop absorbé par les soucis financiers pour s'occuper des questions commerciales, celui-ci devait trouver commode de s'en rapporter aveuglément aux avis du bureau du commerce, autrement dit, des députés des villes, gens compétents par profession.

Machault[1], le premier des contrôleurs généraux sous les ordres duquel fut Gournay, aimait d'ailleurs la réglementation. Les luttes courageuses qu'il soutint lors de l'établissement du vingtième pour restreindre les privilèges pécuniaires du clergé lui assurent une place estimable parmi les ministres des finances de l'ancien régime. Mais dans les questions commerciales, et notamment dans la question des grains, il prit les mesures les plus fâcheuses. Il avait apporté pourtant des changements heureux dans le personnel de son ministère par la nomination de Gournay, par

1. Contrôleur général de décembre 1745 à juillet 1754.

celle de Chauvelin et par l'extension des attributions de Trudaine, son ami d'enfance ; en application, ces changements eurent peu de conséquences ; tant que Machault fut ministre, aucune modification notable ne put être apportée à la législation commerciale[1]. « Il est peu accessible aux idées neuves, dit justement d'Argenson : il voudrait diriger le commerce par des entraves, corriger les abus par des abus plus grands encore. »

La situation fut tout autre avec son successeur, Moreau de Séchelles[2], qui le remplaça au contrôle général au mois de juillet 1754.

Homme d'esprit, ayant de la souplesse et de l'usage du monde, en même temps vigilant et habile, de Séchelles avait su, comme intendant d'armée, contenter les généraux et conquérir l'amitié des troupes. Il entra au ministère avec la réputation d'un grand administrateur. En fait, beaucoup d'excellentes

1. Dans un excellent ouvrage, *Machault d'Arnouville*, M. Marion nous semble avoir été beaucoup trop indulgent pour Machault à ce point de vue.

2. Moreau de Séchelles, ancien secrétaire du ministre de la guerre, Le Blanc, enfermé avec lui à la Bastille (1724), avait été successivement intendant de Maubeuge (1721) et de Lille ; il était rentré à l'intendance de Lille après avoir quité l'armée.

mesures portent sa signature, mais il était vieux et, au dire de Monthyon[1], l'oubliait dans sa vie privée ; il n'eut pas le temps de faire tout le bien qu'il préparait ; une attaque de paralysie[2] l'obligea, au mois de mars 1756, à prendre son gendre Moras pour adjoint et, un mois plus tard, à résigner ses fonctions.

Après lui, vinrent des comparses de la politique : Moras, dont Déon de Beaumont[3] a vanté « la candeur des sentiments », et à qui la duchesse d'Orléans envoya faire compliment en recommandant bien de s'assurer auparavant qu'il était encore en place ; puis Boulongne[4], créature de Paris-Monmartel, et à ce titre, peu disposé à écouter Gournay qui attaquait la finance.

La guerre de Sept-Ans venait d'ailleurs de commencer ; on était dans une période de

1. *Particularités et observations sur les ministres des finances.*

2. D'Argenson en donne pour cause une querelle avec Machault.

3. *Mémoires sur les finances.* — Peirenc de Moras était auparavant intendant de Valenciennes ; contrôleur général d'avril 1756 à août 1757.

4. Conseiller au Parlement de Metz où il fut chargé des questions financières (1724), intendant des finances (1744), contrôleur général (27 août 1757) ; remplacé par Silhouette (mars 1759).

préoccupations et de pénurie financière ; l'attentat de Damiens avait été suivi d'un violent mouvement de réaction. Tous projets de réformes étaient ajournés.

Gournay ne put donc exercer d'action réelle sur l'administration que pendant une période très courte, depuis l'arrivée de Moreau de Séchelles aux affaires, en juillet 1754, jusqu'à la déclaration de guerre, le 9 juin 1756 ; mais il avait moins encore cherché à agir sur le pouvoir qu'à répandre ses idées autour de lui. Sur ses conseils ou avec sa collaboration, un grand nombre de livres et de brochures avaient signalé au public l'absurdité des lois réglementaires, les abus des corporations et des privilèges industriels, les vices de l'intervention des gouvernants dans des matières qu'ils ignoraient.

A ses efforts, s'étaient ajoutés ceux de Quesnay. Les deux fondateurs de l'économie politique s'étaient rencontrés en 1758, avaient échangé leurs vues et s'étaient trouvés d'accord sur les principes fondamentaux. Des hommes distingués se joignaient à eux. Au moment où Gournay abandonna ses fonctions administratives, il put donc se dire que la semence qu'il avait jetée lèverait bientôt.

L[illegible]

[illegible]

[illegible]

i[illegible]

][illegible]
qu[illegible]
tri[illegible]
cor[illegible]
pul[illegible]
)[illegible]
ne[illegible]
qui[illegible]
ten[illegible]
a[illegible]
con[illegible]
fair[illegible]
mei[illegible]
bie[illegible]

IV

Les règlements industriels. — Création de la Caisse du commerce; avis contraire de Gournay. — Son projet de suppression de la marque des étoffes. — Effets des règlements sur le commerce extérieur et intérieur. — Intérêts locaux greffés sur les règlements. — Plaintes des fabricants de Tours contre Gournay. — Son projet de suppression des inspecteurs. — Sa défense de la concurrence.— Exemples des abus de la réglementation. — Commerce des grains; arrêt de 1754.

Les gouvernants de l'ancien régime, qui avaient la prétention de protéger l'industrie et le commerce, croyaient devoir aussi, comme nous l'avons déjà dit, protéger le public contre les fabricants et les marchands.

Melon, dont l'*Essai politique sur le commerce* fait très bien connaître les préjugés qui régnaient dans l'administration de son temps, écrivait en 1739 :

« La liberté dans un gouvernement ne consiste pas dans une licence à chacun de faire ce qu'il juge à propos, mais seulement de faire ce qui n'est pas contraire au bien général... Il y a des règlements pour toutes les manufactures, il y a des mesures et des poids étalonnés, des marques et des cachets qui assujettissent les ouvriers et qui préviennent la cupidité frauduleuse des marchands. Tout cela se fait en faveur du citoyen. »

En effet, rien n'avait été négligé pour protéger le consommateur contre la cupidité du producteur. La qualité et l'origine des matières premières employées, le mode de fabrication des produits, leur dimension, avaient été fixés par des règlements. Les bas devaient être faits avec de la filoselle et du fleuret à trois brins ; ils devaient peser cinq onces pour les hommes et trois onces pour les femmes. Les draps devaient être fabriqués avec une laine d'une certaine espèce et dans une largeur déterminée. Des dispositions analogues régissaient la confection des autres tissus. Il semblait, ainsi que le disait naïvement un règlement, celui des serruriers de Paris, que l'industrie eût atteint son plus haut point de perfection et qu'il n'y eût plus à chercher de progrès.

Et le gouvernement ne se contentait pas de réglementer ; il faisait surveiller l'applica-

ceux-ci étaient si compliqués et si peu clairs, ils entraient dans des détails si minutieux, qu'il eût été impossible de les observer exactement. En Bretagne, où la toile était fabriquée par des paysans qui ne savaient pas lire, le règlement qui la concernait avait cinquante articles, peu intelligibles pour les personnes compétentes, et contenait néanmoins des pénalités dont l'une des moindres était la confiscation de l'étoffe[1]. Le seul résultat positif de la réglementation était de rendre précaire la situation des artisans, en les mettant sous la dépendance des contrôleurs ou des inspecteurs qui pouvaient les ruiner à leur gré.

Cependant, personne n'aurait osé toucher aux règlements ; les industriels et les gens de métiers y tenaient, parce qu'ils y voyaient la justification de leurs privilèges ; le gouvernement croyait que les menaces dont ces actes étaient remplis bridaient toujours, dans une certaine mesure, la mauvaise foi des fabricants.

---

1. *Corps d'observations de la Société d'agriculture de Bretagne.*

Trudaine partageait à cet égard les préjugés communs.

L'une des préoccupations de sa vie administrative était d'avoir, pour chacune des parties de son service, des ressources à l'aide desquelles il pût agir sans avoir à demander de crédits sur les fonds généraux du Trésor. Pour les routes, il avait la corvée, et il en usait largement, préférant faire quelque chose avec un mauvais impôt que de laisser, faute de fonds, les voies de communication dans l'état lamentable où elles étaient. Pour le commerce, ou plus exactement, pour le commerce et l'industrie, car ce mot avait alors un sens beaucoup plus étendu qu'aujourd'hui, il imagina de créer une caisse spéciale, à l'aide de laquelle il aurait distribué des subsides aux industriels à titre d'encouragements et qu'il aurait alimentée avec le produit des amendes et des confiscations pour infractions aux règlements. Grâce au nombre des inspecteurs, la somme dont il aurait ainsi disposé pouvait être importante. En 1750, on comptait 62 inspecteurs des manufactures nommés par le Gouvernement : trois inspecteurs généraux, un inspecteur du commerce du Levant, 45 inspecteurs des draperies, dix inspecteurs des toiles, un des manufactures d'Aubusson et de Felletin, un des manufactures étrangères, un des tanneries [1]. Tous ces inspecteurs, dont les traitements et les frais de bureaux étaient payés par les fabriques, avaient au-dessous d'eux des élèves, des aspirants-élèves et des commis. Les provinces et les États avaient aussi leurs inspecteurs. Les corporations entretenaient, enfin, pour contrôler leurs membres, des gardes-jurés, pris parmi les anciens maîtres, et des préposés à la marque.

Il y avait donc autour de l'industrie toute une armée d'officiers, attachés à la réglementation, puisqu'ils en vivaient, et désireux dès lors de la voir s'étendre et se compliquer. Il suffisait de réchauffer leur zèle pour que les amendes et les confiscations se multipliassent.

Avant de se décider à créer la Caisse du commerce, Trudaine crut devoir prendre l'avis de Gournay. Voici la réponse de ce dernier; elle est datée du 1er septembre 1752 :

1. *Almanach royal.*

« Dans le principe où je suis que le com-
» merce peut et doit se conduire sans con-
» fiscations et sans amendes pour raison de
» fabrique et que notre commerce et nos
» manufactures n'acquerront jamais l'accrois-
» sement dont elles sont susceptibles, tandis
» que nous suivrons le système opposé..., je
» ne puis être de l'avis de l'établissement
» d'une caisse générale qui aurait pour ob-
» jet la perception et la disposition de
» ces amendes ; je pense même que ce serait
» afficher d'une façon trop solennelle un
» principe dont nous reviendrons, quand
» l'esprit du commerce aura fait plus de pro-
» grès parmi nous. Je pense encore qu'il est
» fâcheux de faire supporter à nos fabricants
» les appointements des inspecteurs, car,
» sans vouloir discuter s'ils sont utiles
» ou nuisibles aux fabriques, il est certain
» que le fabricant français qui contribue à
» payer un inspecteur, est dès lors plus
» chargé que le fabricant anglais ou hollan-
» dais, son concurrent, qui n'en paye point. »

Trudaine n'en créa pas moins la Caisse du
commerce ; il y fit entrer, avec le produit
des amendes, celui d'un droit de 1/2 0/0 sur

les retours des colonies, le produit du droit de marque des étoffes, les contributions des villes de Rouen, de Lyon et de Bordeaux pour le traitement des inspecteurs, et une somme de 9,000 livres qu'il obtint des fermiers généraux. La Caisse fut assez largement dotée, pour fournir des ressources dans les années où le Trésor fut le plus obéré [1].

Gournay était bien loin de nier l'utilité des encouragements, qui permettaient de récompenser les découvertes utiles et d'exciter l'émulation des fabricants ; il y voyait d'ailleurs une sorte de mesure transitoire, indispensable tant que la liberté n'existerait pas [2] ; ce qu'il déplorait, c'étaient les pénalités et les règlements.

Dans une autre lettre à Trudaine, du 25 septembre 1752, sur laquelle nous reviendrons, il écrit :

1. Du Pont de Nemours, en 1786, en a évalué le revenu à 750.000 livres. Montesquiou, en 1789, à 636.000. « M. Trudaine le père sera à jamais regardé comme le bienfaiteur du commerce... parce qu'il a fondé la Caisse du commerce qui, plus ou moins bien administrée depuis, l'a toujours été dans des vues utiles. » Du Pont de Nemours, dans Pigeonneau et de Foville, *L'Administration de l'agriculture au contrôle général des finances.*

2. Turgot, *Éloge.*

« J'ai l'honneur de vous envoyer ci-joint
» le huitième chapitre de M. Child, sur la
» laine et les manufactures de laine ; ce su-
» jet m'a donné occasion de traiter avec assez
» d'étendue la question de savoir si nos
» inspecteurs et nos règlements portant
» amendes sont utiles ou non aux manufac-
» tures. Outre l'exemple des nations les plus
» commerçantes dont je me suis appuyé,
» j'ai tâché de faire voir que le préjugé où
» nous sommes à cet égard nous éloigne du
» véritable esprit et des connaissances du
» commerce et est aussi nuisible au progrès
» de l'industrie qu'à l'augmentation des su-
» jets du roi et de ses revenus ; il m'a fallu
» des motifs aussi puissants pour me dis-
» simuler à moi-même la témérité d'attaquer
» une opinion reçue et consacrée depuis plus
» de quatre-vingts ans. Je me flatte au moins
» que la question paraîtra assez importante
» pour mériter d'être discutée. Au reste, je
» me soumettrai toujours lorsque vous
» m'aurez condamné. »

Un peu plus tard [1], ayant constaté que des
plombs avaient été apposés sur des pièces

1. 19 décembre 1752.

de drap sans contrôle préalable, il propose de supprimer cette fausse garantie :

« En retranchant les plombs..., nous évite-
» rons de tromper le public en lui présen-
» tant des garants... sur la foi desquels il pour-
» rait se déterminer à acheter des marchan-
» dises qui n'ont pas les qualités portées par
» les règlements. En remettant les marchan-
» dises au propriétaire sans plombs, pour
» en user comme bon lui semblera, on
» évitera également l'inconvénient de brider
» son industrie et de le condamner à l'amende,
» pour une raison pour laquelle il n'en aurait
» point encouru en Angleterre et en Hollande.
» Rien n'est plus aisé que de prononcer
» des confiscations. Il ne faut ni beauconp
» d'habileté, ni beaucoup de réflexion pour
» cela, mais si par là nous ruinons nos fabri-
» cants et leur interdisons de fabriquer des
» étoffes telles que les étrangers ont la li-
» berté de fabriquer, nous concourons nous-
» mêmes à ruiner notre commerce. Voici,
» Monsieur, quelles ont été mes vues, je les
» soumets à votre jugement. »

Pour cette fois, l'avis de Gournay fut adopté : les instructions qu'il avait prépa-

rées[1] et qu'il soumettait à la signature de
Trudaine furent envoyées à l'inspecteur de la
draperie de Lyon. Mais ce succès fut isolé. Ni
Trudaine, ni surtout le bureau de commerce
ne pouvaient arriver à comprendre que les
quatre volumes in-quarto, qui renfermaient
les règlements, eussent été composés à tort.
Les preuves ne faisaient pourtant pas défaut.
Une étoffe nouvelle fabriquée à l'Étranger
ne pouvait être imitée en France sans une
permission spéciale; quand la permission
était donnée, la mode avait changé et l'on
fabriquait à l'Étranger une autre étoffe[2].
Gournay avait aussi constaté, pendant son
séjour à Cadix, que nos règlements avaient
permis aux Silésiens de s'emparer du commerce des toiles à destination de la Guinée. Leur procédé avait été simple : ils
avaient copié nos types légaux en diminuant le poids de l'étoffe, avaient présenté
aux acheteurs des toiles blanches, bien ap-

1. « J'ai l'honneur de vous envoyer ci-joint les deux
lettres que vous m'avez chargé de faire pour le sieur
Le Marchand, inspecteur de la draperie de Lyon. »
19 décembre 1752.

2. Turgot, *Éloge*.

prêtées, ayant autant d'aspect que les nòtres, mais moins chères ; ils avaient eu la préférence.

Dès 1752, Gournay s'était fait envoyer par notre représentant à Hambourg[1] des renseignements précis sur la fabrication de la toile en Silésie ; il devait donc avoir en mains les moyens de montrer que l'industrie libre finit toujours par l'emporter sur l'industrie réglementée, parce qu'elle cherche à flatter et non à contraindre le goût des acheteurs. Il ne put pourtant rien obtenir ; en 1754, ayant à proposer d'encourager, par la suppression des droits d'entrée sur les matières tinctoriales, la fabrication des cotonnades[2], dont un essai heureux venait d'être fait à Rouen,

1. Lettre de Trudaine, préparée par Gournay à notre ministre, à Hambourg, 26 décembre 1752. Entre autres renseignements, Gournay demande s'il y a des inspecteurs et des règlements, si l'on est astreint à une largeur, une longueur et une qualité pour chaque espèce, si les toiles sont visitées à la sortie, s'il y a des amendes et si l'on prend quelque précaution pour que l'acheteur ne soit pas trompé. si le Gouvernement, sans s'embarrasser de ce soin, laisse les fabricants fabriquer comme bon leur semble et l'acheteur examiner lui-même la marchandise. — Gournay parle encore des toiles de Silésie dans une lettre du 15 mars 1754.

2. Dans le Lyonnais. Lettre du 15 mars 1754.

il se vit encore obligé, dans une lettre à
Trudaine, de revenir sur cette question des
règlements. Il explique alors qu'un grand
nombre de personnes pourront se livrer à cette
fabrication nouvelle, et que la concurrence
aidant, elles produiront à bon marché, à la condition qu'on ne se mette pas à régler, comme
pour la toile, les ouvrages et les qualités de
l'étoffe. « Je voudrais, dit-il, laisser sur cela
» toute liberté au fabricant en l'obligeant
» seulement de marquer sur la pièce l'au-
» nage quelconque... L'essai que l'on ferait
» à cet égard pourrait servir à nous déci-
» der par la suite sur la grande question
» de savoir si la liberté totale convient
» mieux pour étendre et soutenir le com-
» merce que les restrictions et les peines
» ordonnées par les règlements. »

Dans une autre lettre du 9 mai 1755, à propos, non de la toile, mais de la laine, non de
la largeur, mais de la qualité de la matière
première employée, que les règlements
avaient aussi fixée, Gournay dit encore :

« Cette fixation empêche toute concurrence
» entre les laines ; il est pourtant très vrai
» que la concurrence de la plus basse espèce

» sert de proche en proche à contenir le prix
» de la plus haute. Les spéculateurs sachant
» que dans telle fabrique, on ne peut employer
» que telle espèce de laine, sont plus hardis à
» s'en emparer dans la certitude où ils sont
» qu'il faudra que le fabricant cesse de tra-
» vailler absolument ou qu'il passe par leurs
» mains. Ainsi, s'il y a des accapareurs,
» c'est la loi même qui les suscite, en ren-
» dant leur métier moins hasardeux. Cette
» fixation empêche le fabricant de substituer
» son travail à un autre dans le temps où
» l'espèce de laine qu'il lui est permis d'em-
» ployer est trop chère. Il faut, ou qu'il cesse
» entièrement de travailler, ou qu'il emploie
» de la laine trop chère ; et alors il est tout
» simple qu'il cherche à en diminuer la
» quantité (dans l'étoffe). Ainsi, la fixation
» des qualités des laines est une cause de
» l'altération de notre fabrique... Cela fait
» voir que le commerce et les fabriques ne
» peuvent supporter des lois fixes, invin-
» cibles, que les gênes étant opposées à
» l'esprit du commerce, resserrent nécessai-
» rement le travail du peuple et rendent
» l'état de notre fabrication précaire. »

Peut-être serait-il parvenu à convaincre l'administration, si derrière les règlements il n'y avait eu des intérêts locaux. Mais les corps de métiers d'une ville ne pouvaient fabriquer que l'espèce de produits visée dans les règlements qui les concernaient. Chacun d'eux demandait la liberté de fabriquer le produit réservé aux autres et s'opposait énergiquement à ce que l'on fabriquât son propre produit. Pour les soies, Lyon avait son genre et Tours avait le sien. Lyon avait, en outre, un privilège spécial provenant de sa douane ; toutes les soies grèges devaient passer par cette ville avant d'arriver à destination et étaient grevées de frais énormes. Tours s'en plaignait vivement. Ses réclamations étant venues devant le bureau du commerce, les députés des villes, à l'instigation de Gournay, se montrèrent disposés à les accueillir. Il fallait auparavant trouver une compensation pour Lyon qui accusait l'administration de toujours sacrifier ses intérêts. On songea à lui permettre de fabriquer des étoffes dans la largeur de 5 1/2 réservée à Tours. Aussitôt les colères des Tourangeaux se déchaînèrent ; ils préfèrent renoncer

» vailler concurremment dans tous les gen-
» res et dans toutes les largeurs, les fabri-
» cants de Tours peuvent se persuader que
» le roi se soit à jamais lié les mains envers
» eux et que, quelles que soient les variations
» qui puissent arriver, le Conseil ne pourra
» désormais conférer à aucune fabrique du
» royaume la liberté de travailler dans la
» largeur de 5 1/2. Je vous présente toutes
» ces idées, non pour les communiquer aux
» fabricants de Tours qui ne font que leur
» métier en s'opposant à tout ce qui choque
» leur jalousie particulière, mais sous la
» forme de conversation entre vous et moi...
» Vous savez que j'ai des supérieurs et
» que ce sont eux qui décident. Quant à moi,
» je ne fais que mon devoir en leur propo-
» sant ce que je crois le plus avantageux au
» bien général et je ne puis sans y manquer
» me dispenser de continuer à faire de même[1]. »

L'affaire vint l'année suivante devant le bureau du commerce ; Gournay, rapporteur, se vit obligé de résumer les opinions des commissaires, en des termes bien contraires à son sentiment particulier :

1. 3 juillet 1754.

« Vainement voudrait-on, dans cette occa-
» sion, faire valoir la liberté du commerce ; il
» est vrai qu'elle ne peut être trop protégée
» dans tous les autres cas, mais quand des
» manufactures sont une fois établies, elles
» ne se soutiennent que par les qualités et
» les largeurs différentes des étoffes qu'elles
» fabriquent ; il est toujours dangereux de
» toucher aux privilèges qni les distinguent
» et de les rendre communs aux unes et
» aux autres[1] . »

En cette circonstance, Machault et, très
probablement aussi, Moreau de Séchelles,
avaient été favorables aux propositions de
Gournay, mais les criailleries des intéressés
l'avaient emporté sur l'intérêt général et ni
les députés des villes, ni le bureau du commerce n'avaient osé se prononcer contre des
privilèges auxquels la prospérité d'industries locales semblait attachée.

Ne pouvant parvenir à vaincre les préjugés
de l'administration au sujet des règlements,
Gournay s'efforçait du moins de calmer le

1. 20 février 1755. On voit combien les rapports présentés au bureau du commerce donnent peu l'opinion
personnelle des rapporteurs.

zèle des inspecteurs et remédiait ainsi aux inconvénients qu'il attribuait à la Caisse du commerce.

« J'ai vu avec plaisir par plusieurs ouvra-
» ges, écrit-il à un élève inspecteur, combien
» vous avez de zèle et de talent. Mais vous ne
» sauriez les mettre véritablement à profit
» pour le bien du commerce qu'en traitant dou-
» cement les fabricants et en évitant autant
» que possible de leur donner des dégoûts ;
» l'expérience aura pu leur apprendre que
» les étrangers sont fort empressés de nous
» enlever nos ouvriers, mais qu'ils sont peu
» curieux de nous enlever nos inspec-
» teurs. La douceur et les bonnes façons
» envers nos ouvriers sont nécessaires pour
» les conserver[1]. »

Gournay aurait voulu aller beaucoup plus loin et arriver à la suppression de ces dangereux fonctionnaires. Dans une brochure, qui parut en 1758[2], et à la rédaction de laquelle il prit une large part, ainsi que nous l'expli-

1. 22 janvier 1753.
2. *Considérations sur le commerce et en particulier sur les Compagnies, sociétés et maîtrises*, **Amst. 1758.**

querons, l'abolition des règlements, et avec
eux, des amendes, des confiscations et des
inspecteurs est énergiquement réclamée.
Tout ce que le Gouvernement a à faire, y
est-il dit, c'est de réprimer les contrefaçons ;
c'est non le public, mais les inspecteurs qui
profitent des règlements. « Le Conseil,
» accoutumé à voir les manufactures par le
» tableau infidèle qu'il trace à ses yeux, ne
» juge de l'utilité des inspecteurs mêmes
» que par le nombre des infractions qu'ils
» exposent. »

Et qui sont ces inspecteurs ? des gens
ignorants pour la plupart des sujets qu'ils
ont à traiter, ayant obtenu leur place par la
brigue, quelquefois d'anciens négociants
faillis ou banqueroutiers. « Veut-on savoir
» jusqu'où va leur zèle ? On fabriquait à
» Arconsat, près de Thiers, des ciseaux de
» fer pour le Levant, la Barbarie et l'Espagne,
» les inspecteurs en arrêtèrent la fabrication
» parce que les ciseaux n'étaient pas trempés ;
» on a découvert depuis qu'ils servaient à
» moucher les chandelles. »

« Si les barbaresques faisaient des ciseaux
» pour nous, dit l'homme connu de qui nous

» tenons ce fait, il ne serait pas étonnant
» qu'ils fussent capables d'une telle méprise.»

L'homme connu dont il était question était
Gournay qui, malgré l'opposition qu'il
rencontrait, poursuivait son but sans se
lasser.

Il savait pertinemment, en sa qualité d'ancien commerçant, que l'appât du lucre fait
parfois taire la conscience chez les négociants ; il estimait que le remède à la
mauvaise foi est, non dans l'action préven-
tive de l'autorité, mais dans la concurrence.

« Il semble, écrit-il, au sujet d'un règle-
» ment sur la fabrication des toiles dans la
» généralité de Montauban, édicté dix ans au-
» paravant[1], que l'on n'ait cherché à exagérer
» de prétendus abus qui se trouvaient dans
» la fabrique et le commerce... que pour
» rendre à jamais suspecte une profession
» également utile et honorable et pour faire
» valoir davantage les services que l'on croit
» avoir rendus en les rectifiant. Quant à moi,
» je reviens de ce pays très convaincu que
» les règlements ont répandu le décourage-

1. 3 janvier 1744.

» ment dans la fabrique.... et qu'ils ont arrêté
» les progrès qu'une grande concurrence,
» beaucoup de génie et d'émulation auraient
» immanquablement produits[1]. »

« L'avidité que l'on reproche sans cesse à
» nos négociants, » disait-il un autre jour à
Trudaine[2], « est une qualité nécessaire et
» qui n'aura jamais que des suites avantageu-
» ses pour l'État quand on tendra à établir
» entre eux la plus grande concurrence pos-
» sible. Cette même concurrence est le meil-
» leur frein qu'on puisse mettre à la mau-
» vaise foi, et un négociant honnête homme
» oblige mille fripons à négocier malgré lui
» comme d'honnêtes gens. Tout ce que je
» désire donc pour nos négociants, c'est qu'ils
» puissent être vus de plus près des gens en
» place et non par des yeux intermédiaires.»

« Honorez les négociants, disait-il encore[3],
témoignez-leur de la confiance pour qu'ils
en aient eux-mêmes. Le bon négociant mérite comme tout autre citoyen la protection
de l'État. Loin de le décourager, il faut le

1. 14 décembre 1755.
2. 15 mars 1754.
3. 26 août 1752.

retenir dans sa profession et pour cela honorer cette profession. »

Dans ce but, et au moment où des écrivains proposaient [1], peut-être sur ses conseils,
de décider d'accorder aux nobles la faculté
de faire du commerce sans déroger, il demandait que la noblesse fût conférée aux
négociants les plus méritants [2]; il en donnait
comme raison les transformations sociales
qui se préparaient. « Tandis que l'Europe
» n'a été que guerrière, disait-il, les souve-
» rains qui ont eu besoin de soldats ont
» accordé des distinctions à l'état militaire

1. L'abbé Coyer, *La Noblesse commerçante.*
2. Afin d'honorer leur état, Gournay repoussait les
autres faveurs; dans un avis à Trudaine sur une proposition tendant à donner aux commerçants le titre d'a-
gent du commerce, il dit : « Je doute fort qu'aucun des
principaux négociants du royaume se croie décoré du
titre d'agent du commerce... Les fonctions qu'on veut leur
attribuer sont nuisibles ou superflues. Elles formeraient
bientôt une place et les places nuisent au commerce.
Mais si l'on veut effectivement retenir les négociants
dans le commerce, il faut non seulement les décorer
eux-mêmes, mais surtout leur état... Il serait nécessaire que quelque homme, dans une place importante,
se déterminât à y faire élever un de ses enfants. Il ne
faudrait pour cela qu'aimer son pays jusqu'à un certain
point. » 10 avril 1754.

» pour y attirer les hommes. Aujourd'hui
» que l'Europe devient commerçante, les
» souverains ont besoin de négociants. Il
» faut qu'ils fassent pour attirer au commerce
» et pour y faire persévérer, ce qu'ils ont
» fait pour attirer les hommes vers l'état
» militaire et pour les y retenir[1]. »

Ce qui eût mieux valu, sans doute, que des distinctions honorifiques, c'eût été que le Gouvernement renonçât à l'esprit de défiance qui avait engendré les règlements. On était bien loin de là. Un petit fait tiré des procès-verbaux du bureau du commerce permettra d'en juger.

Les fabricants de soie de Lyon demandaient l'autorisation de mettre dans la bordure de leurs galons de satin un trait d'or ou d'argent faufilé sur de la soie, au lieu d'un fil plein de métal, comme l'exigeaient les règlements. Ils espéraient ainsi concurrencer certains satins de Florence et donner plus de souplesse aux galons. Le bureau du commerce accueillit favorablement leur requête, mais sous cette condition, proposée par les

---

1. 10 avril 1754, lettre citée dans la note précédente.

députés des villes, que l'or ou l'argent serait faufilé sur de la soie verte ou bleue. La soie jaune ou blanche était exclue pour éviter la fraude.

C'est ainsi que, dans les plus petits détails, l'administration se croyait obligée de protéger le public contre les abus des fabricants qu'elle entendait également protéger. Les règlements donnaient naissance à la fraude ; la fraude entretenait la méfiance ; la méfiance provoquait les règlements. On tournait dans un cercle, dont personne, hormis Gournay, n'imaginait qu'on pût sortir.

Les désordres causés par l'intervention gouvernementale étaient encore plus graves dans le commerce des céréales que dans l'industrie de luxe, parce qu'ils touchaient aux besoins les plus impérieux. Aux yeux de l'administration, tout marchand de grains était un monopoleur, tout propriétaire ou cultivateur qui faisait des provisions, un accapareur qui cherchait à s'enrichir en créant la disette. L'exportation des céréales hors du royaume était interdite ; les officiers de police pouvaient, en temps de cherté, pénétrer chez les particuliers pour vérifier si leurs approvisionnements n'excédaient pas les besoins de leur maison ; l'autorité pouvait arrêter la circulation des grains dans une province ou dans une localité, sous prétexte d'y retenir les subsistances nécessaires aux habitants. Machault avait fait largement usage de ce pouvoir exorbitant et avait arrêté la circulation du blé à l'intérieur du royaume. Il avait d'abord, en 1746, interdit l'exportation pour les pays étrangers en permettant le cabotage ; l'année suivante, il avait supprimé le cabotage et favorisé des Compagnies particulières en interdisant la sortie des céréales hors de la Guyenne.

Gournay n'avait pas, comme intendant du commerce, à s'occuper de la question des grains, mais toutes les fois qu'il en avait l'occasion, il signalait à ses chefs les effets de la réglementation, quel qu'en fût l'objet.

C'est ainsi qu'en 1752, il disait à Trudaine à titre d'exemple :

« Les gênes que l'on met sur le commerce
» du blé, les recherches que l'on fait chez le
» laboureur, le risque qu'il court d'être puni
» ou de passer pour mauvais citoyen si on
» lui en trouve en réserve, l'obligation qu'on

» lui impose d'en porter tant de sacs au mar-
» ché, tendent à détourner les sujets du roi
» de la culture du blé, en ce que la posses-
» sion de cette denrée les expose à des
» recherches et à des gênes qu'ils n'éprou-
» veraient pas s'ils n'en avaient point du
» tout[1]. »

Cet intéressant passage justifie ce que Turgot a écrit en 1770 à l'abbé Terray[2] : « Lorsque M. Du Pin, M. de Gournay, M. Herbert et beaucoup d'autres, » ont réclamé la liberté du commerce des grains, « aucun des écrivains qu'on nomme économistes n'avait encore rien publié dans ce genre et on leur a fait un honneur qu'ils n'ont pas mérité lorsque, pour déprimer l'opinion qu'ils ont défendue, on leur a imputé d'en être les seuls promoteurs », c'est-à-dire que Quesnay et ses disciples n'ont fait que suivre un mouvement imprimé par d'autres et notamment par Gournay.

1. Septembre 1752. Passage déjà cité en partie par M. Biollay, *Le Pacte de famine*. Gournay donnait cet exemple à propos des vérifications que l'intendant de Lyon faisait sur l'origine des soies et qui pouvaient dégoûter les sériciculteurs.

2. *Première lettre à l'abbé Terray*. 30 octobre 1770.

En effet, quand Machault eut quitté le contrôle général et plusieurs années avant que Quesnay ait publié ses premiers articles[1], un arrêt du Conseil du 17 septembre 1754, contresigné par Moreau de Séchelles, donna la liberté complète au commerce des grains à l'intérieur du royaume et autorisa pour une durée indéfinie les provinces du Languedoc et d'Auch à exporter des grains par les ports d'Agde et de Bayonne. D'après Déon de Beaumont[2], cette utile mesure devait être suivie d'une autre ayant pour objet de permettre l'exportation des grains hors du royaume.

La date de l'arrêt, dont on a voulu, bien à tort, faire honneur à Machault, la présence de Moreau de Séchelles au Ministère et les affirmations de Turgot suffiraient presque à établir que Gournay prit part à la réforme ; un fait rend la collaboration de l'intendant du commerce peu douteuse : c'est un de ses disciples, Herbert, qui défendit l'arrêt devant le public, au moyen d'un ouvrage important

1. 1757.
2. *Mémoires sur les finances.*

Dans les tentatives qu'il fit pour amener la suppression des corporations de gens de métiers, sa remarquable obstination apparaît mieux encore.

V

Les corporations; leur origine; leurs dettes : les moyens
employés pour restreindre le nombre des professionnels et pour rendre héréditaires les avantages attribués
aux maîtres. — Émigration des ouvriers. — Effets
sociaux des corporations. — Rapports de Gournay au
bureau du commerce et jurisprudence du bureau. —
Projet de suppression des corporations lyonnaises ;
lettres de Gournay au prévôt des marchands et à
Trudaine (1752).

Rappelons rapidement en quoi consistait
l'organisation corporative[1].

Instituées au XVIe siècle sur les ruines des
anciennes confréries, les corporations avaient
eu une origine à la fois politique et fiscale.
Les rois du XVIe siècle avaient voulu placer
lès gens de métiers sous leur dépendance
directe. Un édit de 1581 avait en conséquence
ordonné que tous les artisans et gens de
métiers, besognant comme maîtres dans les
villes, faubourgs, bourgs, bourgades et autres

---

1. Nous n'avons pas besoin de rappeler que l'ouvrage
capital à consulter sur les corporations est l'*Histoire
des classes ouvrières*, de M. Levasseur.

lieux, prêteraient serment et se constitue-
raient en corps de métiers, que chaque corps
aurait ses statuts, sa jurande ; que nul ne
serait maître avant d'avoir fait un chef-d'œuvre. En outre, l'édit, étendu aux marchands
en 1597, avait décidé que chaque maître, lors
de sa réception, payerait un droit au roi.
La taxe était la sanction de la dépendance ;
elle prouvait que le droit de travailler était une
concession accordée par le souverain ; elle
était en outre une source de profits pour le
Trésor, dont les besoins croissaient avec la
centralisation des pouvoirs dans une main
unique.

Tout d'abord, les prescriptions royales
n'avaient été appliquées que dans les grandes
villes ; avec Colbert, le système corporatif
s'étendit ; sauf dans la province de Cham-
pagne qui, moyennant finances, conserva une
liberté presque complète, il y eut à peu
près partout en France, des jurandes et pour
les métiers les plus infimes ; à Paris, pour les
crieurs de vieux fers.

Les statuts étaient homologués par le roi
et avaient force de loi contre les tiers, de
sorte que les marchands et les gens de métiers

étaient en possession, dans chaque localité et dans chaque profession, d'un monopole étroit qui les protégeait contre la concurrence, et partant contre le public.

Au XVIIIe siècle, les corporations, quoique ayant presque toutes de grandes ressources, étaient très endettées. Le Gouvernement avait abondamment puisé dans leur bourse : usant de son droit régalien, il avait constamment créé des offices de maîtres, et il y avait ajouté des offices de jurés, de contrôleurs, d'inspecteurs des registres ou autres, plus ou moins illusoires quant aux fonctions, dont il avait vendu, pour la plupart, les titres aux corporations.

Peu soucieuses de voir augmenter le nombre de leurs membres ou de laisser des étrangers s'immiscer dans leurs affaires, celles-ci n'avaient reculé devant aucun sacrifice ; mais plus elles s'étaient montré disposées à racheter les offices et plus les rois en avaient créés ; il en est qui leur furent vendus plusieurs fois.

Pour satisfaire aux exigences multiples du Trésor, les corporations avaient fait de larges emprunts ; celles de Lyon avaient une dette de plus d'un million ; celles de Paris devaient trois millions ; toutes les corporations réunies avaient à payer en intérêts plus d'un million par an [1].

Mais il y avait eu des compensations : chaque fois que le Gouvernement s'était adressé aux gens de métiers, ils en avaient profité pour obtenir de nouveaux privilèges, ayant pour but et pour effet de restreindre le nombre des professionnels.

Dans quelques métiers, il n'y avait que deux classes de professionnels : les maîtres et les ouvriers ou apprentis ; dans la plupart des autres, on trouvait une classe intermédiaire, composée des compagnons, ou apprentis ayant fait un certain stage et satisfait à certaines obligations. Toute la politique des corporations consistait à rendre difficile l'entrée dans chaque classe.

Beaucoup de statuts fixaient le nombre des

1. Ces chiffres sont ceux de Clicquot-Bervache, qui les a probablement donnés d'après Gournay. Ce dernier fit faire un relevé des dettes des communautés à Lyon ; pour Paris, une commission de maîtres des requêtes surveillait les opérations financières des corporations ; les chiffres, au moins pour ces deux villes, peuvent donc être considérés comme exacts.

apprentis que chaque maître pouvait avoir, et ce nombre était souvent réduit à deux, ou même à un. D'autres statuts fixaient ce nombre, non pour chaque maître, mais pour la corporation entière; quelques-uns ne permettaient au maître d'avoir un apprenti qu'après plusieurs années de maîtrise; presque tous interdisaient le travail des femmes.

L'apprentissage était, en outre, assujetti à des formalités compliquées et à des frais qui atteignaient plusieurs centaines de livres.

L'apprenti ne devenait compagnon qu'après trois ans d'apprentissage, et quelquefois plus; le compagnon ne pouvait concourir à la maîtrise qu'après un long stage, et n'était admis qu'en payant des droits élevés, qu'en supportant de gros frais et qu'en faisant le fameux chef-d'œuvre qui exigeait beaucoup de temps et une grande dépense. Dans certains métiers, les statuts avaient fixé, une fois pour toutes, le nombre des maîtres; dans d'autres, des règlements temporaires, souvent renouvelés à l'échéance, suspendaient les réceptions pendant un long délai.

Enfin, les avantages attribués à la bourgeoisie corporative étaient héréditaires : les fils de maître et, par extension, les gendres, étaient affranchis des obligations imposées aux autres [1] ; selon le raisonnement des juristes, « les ordonnances qui avaient eu pour objet de pourvoir à la subsistance et établissement des maîtres n'y auraient pas entièrement pourvu, si les filles n'avaient pas eu l'avantage de procurer la maîtrise aux apprentis qui les épousaient [2] ». Il fallait toutefois distinguer entre les enfants ; s'ils étaient nés avant la réception du père, ils n'étaient que *fils à maître* et devaient payer le double des droits supportés par les vrais *fils de maître*. Quelques statuts avaient échappé à cette distinction subtile en défendant de recevoir à la maîtrise des ouvriers qui avaient des enfants.

Toutes ces dispositions restrictives étaient complétées par l'interdiction d'admettre les *étrangers*, c'est-à-dire les ouvriers qui n'étaient pas nés dans la communauté ou au

---

1. Ils étaient presque toujours dispensés du chef-d'œuvre et des frais de maîtrise et il suffisait qu'ils eussent travaillé chez le père jusqu'à 17 ans pour devenir compagnons.

2. Philippe Bornier, *Commentaire sur l'ordonnance de Louis XIV sur le commerce*, 1749.

moins dans la ville ; le fils d'un charron était
étranger à la communauté des menuisiers ;
un serrurier de Lyon, au corps des serruriers
de Paris ; quelle que pût être son habileté, il
devait passer par l'apprentissage pour devenir, ou compagnon, ou maître, dans la corporation à laquelle il n'appartenait pas par sa
naissance.

Dans de telles conditions, la concurrence
était extrêmement limitée ; et les maîtres s'entendaient encore entre eux pour soutenir les
prix, pour diminuer la qualité des marchandises, pour réduire les salaires des ouvriers
ou pour en restreindre le nombre. D'après
Bigot de Sainte-Croix [1] qui, en 1768, fut
chargé de faire une enquête pour le contrôleur général Laverdy, le maître qui essayait
de faire concurrence à ses confrères était
regardé comme un traître et persécuté jusqu'à ce qu'il eût quitté son état. Ce procédé
devait être surtout employé dans les métiers
où la corporation n'avait pas racheté les
offices créés par le roi, et dans ceux où elle
avait obtenu la faveur de vendre elle-même
la maîtrise. Dans le premier cas, elle

1. *Éphémérides* de 1775.

avait intérêt à rendre les créations royales illusoires ; dans le second, à atténuer les effets de la concurrence qu'elle créait elle-même.

Un autre procédé consistait à faire modifier les statuts de manière à hausser les droits de maîtrise. A Lyon, par exemple, dans la communauté des tailleurs, le droit de réception était à l'origine de 40 livres pour les compagnons, et de 13 livres 10 sols pour les fils de maître ; le nombre des maîtres s'étant multiplié, la communauté profita de ce que des taxes locales étaient levées sur les gens de métiers, pour solliciter et obtenir que le droit fût fixé à 100 livres. Cette somme n'étant pas encore assez forte pour dégoûter les candidats, la communauté demanda qu'elle fût portée à 400 livres pour les étrangers, à 300 livres pour les ouvriers de la ville ; exception devait être faite toutefois pour ceux qui épouseraient des veuves ou des filles de maître : on ne devait leur demander que 33 livres 6 sols 8 deniers.

Les ouvriers ne pouvaient donc songer qu'exceptionnellement à devenir maîtres ; dans les métiers où c'était possible, il leur fallait des ressources pécuniaires assez importantes ; dans beaucoup de professions, tout espoir de changement de situation leur était interdit. Quelques-uns allaient dans les localités et dans les faubourgs où l'industrie était nominalement libre ; mais le débit y était mince et les ouvriers déjà installés employaient des moyens de tout genre pour amener les nouveaux venus à renoncer à leur tentative. Dans les villes, il était impossible, à moins d'une permission spéciale du roi, d'exercer un métier sans faire partie d'une corporation. Les artisans incorporés ne manquaient pas, en effet, de s'opposer au moindre empiètement sur leurs droits.

On connaît l'histoire de ces deux industriels de Rennes et de Nantes qui, voulant établir une fabrique d'étoffes mélangées de laine, fil et coton, teintes d'après un procédé de leur invention, se virent attaquer à la fois par la corporation des sergiers et par celle des teinturiers. L'un d'eux obtint un privilège par arrêt du Conseil, mais quand l'arrêt lui parvint, il était ruiné[1].

1. *Corps d'observations de la Société d'agriculture de Bretagne.*

Veut-on d'autres exemples ? Nous les trouvons dans les Mémoires de Gournay.

L'hôtel des monnaies de Lyon avait pris à gages, pour son service exclusif, un serrurier, fils de l'ancien serrurier de l'hôtel ; la communauté des serruriers de Lyon demanda au roi d'ordonner son renvoi, parce qu'il n'avait pas été reçu maître et n'avait pas fait de chef-d'œuvre[1].

Les Jésuites de La Flèche avaient établi une raffinerie à Angers ; des concurrents prétendirent que l'établissement était dangereux et insalubre ; ils obtinrent l'appui des échevins de la ville et aussi des six corps de marchands de Paris qui présentèrent requête au Conseil en vue d'empêcher les Jésuites de se mêler d'opérations commerciales[2].

Sur la proposition de Gournay, l'une et l'autre de ces demandes furent écartées. Mais l'éventualité d'un échec n'était pas de nature à arrêter les corporations; elle chicanaient sur tout, se querellaient entre elles et

1. Procès-verbaux du bureau du commerce, 2 septembre 1756.
2. Procès-verbaux du bureau du commerce, 13 mars 1755.

querellaient tout le monde. Le pauvre chambrelan qui travaillait chez lui était sans cesse exposé à des procès, accompagnés de frais considérables et souvent suivis d'amendes ou de confiscation.

La véritable et presque unique ressource de l'ouvrier qui voulait être libre ou qui était obligé de le devenir était d'aller chercher hors de France une terre plus hospitalière. Il passait soit en Angleterre, soit en Hollande, où, dans certaines industries, les exigences corporatives étaient moins grandes qu'en France.

L'émigration était très fréquente au XVIIIe siècle. Bigot de Sainte-Croix a évalué à 10.000 le nombre des ouvriers qui passaient chaque année à l'étranger. Parmi eux devaient se trouver beaucoup de protestants désireux d'échapper à l'oppression du protectionnisme religieux qui se mêlait dans les corporations au protectionnisme industriel, mais étant donné le nombre des émigrés, il devait y en avoir de toutes les confessions.

On répète souvent aujourd'hui : la Révolution a supprimé les corporations ; elle a bien fait ; mais elle aurait dû mettre quelque

Les corporations avaient un autre vice. En protégeant leurs membres contre la concurrence, en fermant les métiers aux nouveaux venus, elles rejetaient dans l'agriculture et dans les professions infimes une foule de bras qui, trop nombreux, se faisaient une concurrence acharnée et qui auraient pu trouver ailleurs un emploi plus utile.

Cette conséquence sociale des obstacles à la liberté du travail fut entrevue par Gournay, nous le verrons plus loin. Nous devons nous borner quant à présent à rendre compte des efforts qu'il fit pour démontrer que la singulière protection donnée aux gens de métiers était nuisible au progrès de notre industrie.

Le jour même de son entrée au bureau du commerce, le 1ᵉʳ avril 1751, Gournay fit un rapport qui montre bien l'esprit exclusif des corporations et l'usage qu'elles entendaient faire des règlements. Les potiers d'étain de Lyon demandaient que le Gouvernement soumît à la marque les boucles de souliers, les dés, les agrafes, les boutons et autres menus objets. La pétition fut repoussée à l'unanimité. Gournay n'avait pas eu de peine à démontrer que les frais de marque seraient excessifs par rapport au prix de la marchandise et donneraient un avantage considérable aux produits anglais concurrents.

Quelques semaines après, le 29 avril 1751, Gournay fit un rapport sur une pétition des ciriers et confituriers de Lyon qui demandaient de nouveaux statuts ; la pétition fut également repoussée. Un peu plus tard, il proposa d'écarter de même une requête des serruriers d'Auxerre qui, libres, voulaient s'organiser en communauté et une demande des apothicaires-épiciers de la même ville, qui s'adressaient au roi pour former une corporation distincte de celle des merciers-épiciers, après avoir échoué devant les tribunaux [1].

Gournay ne faisait qu'appliquer, dans ces circonstances, une jurisprudence adoptée avant lui. Le bureau du commerce était peu favorable aux corporations, dont les réclamations incessantes étaient insupportables. Quand elles avaient perdu un procès ou quand elles sentaient que leurs prétentions n'avaient aucune chance d'être accueillies

---

1. 24 février 1752.

en justice, elles s'adressaient au roi pour obtenir par des modifications à leurs statuts l'avantage qui ne leur appartenait pas de droit. Le bureau du commerce repoussait depuis quelques années toutes les demandes qui lui étaient ainsi présentées [1], cherchant en quelque sorte à enfermer les gens de métiers dans leurs monopoles. Mais cette politique expectante ne put suffire à Gournay.

Le commerce des soies de Lyon était, par son importance, celui qui attirait le plus son attention. Dès les premiers temps de son intendance, il avait demandé à ses subordonnés une première série de renseignements sur les corporations lyonnaises [2]. Celles-ci étaient en disputes perpétuelles : les tireurs d'or et les guimpiers contestaient les droits des fabricants et des passementiers, et inversement. Sans entrer dans l'examen de leurs différends, Gournay annonça au bureau du commerce qu'il avait rédigé « un mémoire

1. « Le Conseil s'est fait une loi de ne point accorder de statuts. Ils gênent l'émulation et le commerce et sont presque toujours une source de procès et de chicanes.» Gournay, 2 mars 1752, *lettre à Comte*.

2. 4 mars et 15 décembre 1751.

» particulier contenant des observations géné-
» rales sur les abus de la fabrique, la contrainte
» et la longue durée de l'apprentissage et
» du compagnonnage, les droits exorbitants
» que les communautés exigeaient des aspi-
» rants à la maîtrise et les droits imposés
» sur les matières premières servant aux
» fabriques ».

Dans sa séance du 23 mars 1752, le bureau décida que le mémoire serait communiqué à la Chambre de commerce de Lyon.

Avant de se conformer à cette décision, Gournay adressa au prévôt des marchands, Flachat de Saint-Bonnet, qui venait d'entrer en fonctions, une lettre personnelle, destinée à préparer les voies.

« L'examen que l'exercice de ma charge
» m'a mis dans le cas de faire de l'état du
» commerce de Lyon, lui dit-il, m'a fait
» reconnaître avec un vrai chagrin qu'il n'est
» pas aussi florissant ni aussi avantageux qu'il
» pourrait l'être, que les causes de son dépé-
» rissement viennent de la police, des maxi-
» mes et de l'esprit qui règnent dans la
» plupart des communautés qui composent
» cette ville... Il paraît que c'est une maxime

» reçue à Lyon, comme partout ailleurs, que
» le commerce doit être libre ; mais que l'on
» a restreint à Lyon ce que l'on entend par
» la liberté du commerce à la faculté de la
» vente des marchandises, pendant que les
» fabriques qui sont le principe du commerce
» et surtout le principe du commerce de
» la ville de Lyon, y sont dans une gêne
» horrible par suite de la bizarrerie des sta-
» tuts et des lois de ses différentes commu-
» nautés.

» A Amsterdam et dans les autres fabri-
» ques étrangères, explique ensuite Gournay,
» un homme n'a point de temps limité pour
» l'apprentissage ; il est maître de travailler
» plus tôt ou plus tard, suivant qu'il a plus
» ou moins de talents, mais celui qui en a le
» moins ne passe jamais dix ans pour parve-
» nir à la maîtrise qui ne lui coûte rien. »
Or, à Lyon, l'apprentissage est de cinq ans, le
compagnonnage de cinq ans encore, les
droits à la maîtrise sont très élevés.

« Il doit donc y avoir moins de maîtres
» à Lyon que dans l'étranger, conclut
» Gournay. A Lyon, un maître ne peut
» avoir qu'un nombre de métiers et d'ap-

» prentis limité ; dans l'étranger, un fabri-
» cant a autant de métiers et d'apprentis
» qu'il veut. A Lyon, un maître ne peut ven-
» dre sa marchandise s'il n'a acheté la
» qualité de marchand ; dans l'étranger, tout
» homme qui fabrique une étoffe a la liberté
» de la vendre... Depuis 1744, il a passé
» beaucoup d'ouvriers de Lyon à l'étranger
» qui sont perdus pour la ville. L'intérêt de
» la ville de Lyon était et est encore de
» chercher à les réparer, mais peut-on répa-
» rer promptement dans une ville, où l'on
» ne veut point admettre d'étrangers dans
» les fabriques, où l'on appelle étrangers
» des gens nés sujets du roi..., où l'on force
» les gens du pays à faire cinq années d'ap-
» prentissage, à payer des droits considéra-
» bles... où un homme ne peut vendre lui-
» même la marchandise qu'il a fabriquée
» s'il n'en a acheté le droit?... Il s'ensuit de
» là, et de la cherté des maîtrises, que le
» nombre des fabricants diminue et que,
» plus leur nombre est petit, plus ils peu-
» vent exercer un monopole contre les
» ouvriers. Les ouvriers, de leur côté, ne
» pouvant se multiplier aisément..., il en

» résulte aussi une diminution qui leur
» donne des facilités d'exercer à leur tour
» un monopole contre les fabricants et de
» se liguer entre eux, pour obtenir des aug-
» mentations de salaires, etc.

» Le monopole que le fabricant exerce
» contre l'ouvrier et celui que l'ouvrier exerce
» à son tour contre le fabricant renchérit le
» prix des étoffes et donne de l'avantage aux
» fabricants étrangers... Il faut nécessaire-
» ment que la fabrication diminue et qu'enfin
» le gros négociant qui est du côté de l'é-
» tranger écrase le plus petit.

» Gournay ajoute ensuite modestement :
» Peut-être mes réflexions vous paraîtront-
» elles défectueuses, faute par moi de connaî-
» tre le local ; dans ce cas-là, vous les recti-
» fierez, mais je crois les avoir puisées dans
» les principes généraux du commerce qui
» sont de même pour tout l'univers. Si elles
» vous paraissent établies, il faut que le bien
» et l'avantage de la ville de Lyon viennent
» d'elle-même et qu'elle commence par
» reconnaître que les statuts de ses diverses
» communautés, éloignant de nouveaux
» ouvriers et de nouveaux citoyens, empê-

» chent l'augmentation du commerce qui est
» indispensable à celle du peuple.

» Si un Breton ou un Normand voulait
» s'établir à Lyon pour y travailler dans la
» fabrication, il ne serait pas reçu ; cepen-
» dant il contribuerait par son travail au bien
» de la ville. Si ce même Breton ou Normand
» va s'établir à Londres ou à Amsterdam, il
» y sera bien reçu et les étoffes qu'il fabri-
» quera feront tort à celles de Lyon...

» C'est la multiplicité des hommes qui
» augmente les fabriques et le commerce ;
» en éloignant les hommes, on diminue donc
» nécessairement les fabriques...

» Au reste, tout ceci est de vous à moi et
» ne part que du désir que j'aurais d'être
» véritablement utile au rétablissement du
» commerce d'une ville aussi importante, à
» quoi je ne doute pas que vos bonnes
» volontés et vos lumières ne contribuent
» beaucoup[1]. »

A ces observations, le prévôt des marchands répondit par un témoignage de bon
vouloir, car Gournay lui dit dans une seconde
lettre :

1. 1 mai 1752.

« Je suis bien charmé que vous trouviez,
» dans les réflexions que je vous ai commu-
» niquées sur quelques-uns des statuts des
» principales communautés de la ville de
» Lyon, les sentiments d'un patriote et d'un
» homme qui désire sincèrement la prospé-
» rité et l'augmentation de cette ville et de
» son commerce. Je suis persuadé qu'en vous
» occupant, comme vous le proposez, de
» rechercher ce que les règlements de la
» plupart des communautés ont de nuisible
» à l'avantage général de la ville, vous par-
» viendrez mieux que personne à connaître
» les moyens dont on peut se servir pour y
» remédier. Si vous lisez les statuts des
» teinturiers en soie, ceux des passemen-
» tiers, etc., vous verrez combien le prolon-
» gement des apprentissages, des compa-
» gnonnages et l'augmentation des frais de
» réception à la maîtrise, doivent diminuer
» le nombre des ouvriers et renfermer
» d'abus. Je sais bien que les dettes, que les
» communautés ont été forcées de contracter,
» ont donné lieu à l'augmentation de tous
» ces frais, mais il n'en est pas moins vrai
» que le mal qui en résulte retombe sur

» l'État en général et plus particulièrement
» encore sur la ville de Lyon d'où elle
» éloigne les ouvriers et les arts.

» Au reste, pour pouvoir m'occuper avec
» plus de connaissance de cause de ce qu'il
» peut y avoir à faire dans une partie aussi
» intéressante, il serait à propos que je
» connusse l'état actuel des diverses commu-
» nautés de la ville de Lyon. C'est pourquoi
» il sera bon que vous m'adressiez un état
» exact des dettes de chaque communauté
» et, s'il se peut aussi, le dénombrement de
» chacune, c'est-à-dire du nombre des maî-
» tres, compagnons et apprentis qui s'y trou-
» vent[1]. »

La statistique fut dressée[2], mais Gournay
n'en avait pas besoin pour se prononcer ; la
connaissance des « principes généraux du
commerce, qui sont de même pour tout
l'univers » et la lecture des statuts des
communautés lui suffisaient. Il mit des
extraits de ces statuts sous les yeux de Trudaine et lui dit :

1. 24 mai 1752.
2. Gournay en accusa réception le 11 septembre et la
communiqua au Garde des sceaux.

« Vous jugerez par vous-même du tort
» que nous font ces statuts en ce qu'ils
» empêchent nécessairement le progrès de
» l'industrie et l'augmentation du peuple. »
Puis faisant allusion à l'émigration des
ouvriers lyonnais : « Je vous avouerai
» même que j'y ai trouvé, avec satisfaction,
» une occasion de justifier nos ouvriers de
» l'inconstance dont on les accuse [1]. »

La Chambre de Commerce fut ensuite
saisie du mémoire dont Gournay avait parlé
au bureau du commerce [2]. Ce mémoire est
un document des plus intéressants pour
l'histoire de la liberté du travail. Tous les
abus du régime corporatif y sont signalés
sans réticences. Nous allons l'analyser en
suivant pas à pas son auteur.

1. 25 mai 1752.

2. Il fut probablement envoyé à la fin de 1752 ; lorsque
Gournay eut soumis au Garde des sceaux la statistique
dressée par Flachat de Saint-Bonnet.

Gournay fait ensuite un historique des procédés employés par les corporations pour renforcer sans cesse leurs privilèges.

Lors de l'introduction en France de l'industrie de la soie, il est présumable, dit-il, que cette industrie fut libre ; c'est seulement quand ses progrès eurent multiplié le nombre des artisans qu'on s'avisa de les classer en communautés et qu'on imagina le long apprentissage et le compagnonnage, « afin de rendre l'entrée plus difficile aux » aspirants, et de rendre la profession plus » lucrative pour ceux qui étaient déjà en » possession de l'exercer. » Les maîtres purent alors restreindre la production et augmenter le prix des étoffes. Pour que leur monopole pût durer, ils en demandèrent la confirmation au Gouvernement. On le persuada avec d'autant plus de facilité que la fabrique florissait et qu'il n'avait aucune connaissance du commerce ; il crut que ce qu'on demandait pour l'avantage particulier de chaque communauté était pour l'avantage public. Il put d'ailleurs n'être pas fâché de voir se créer des corps riches dont il pouvait tirer « ce qu'on appelle des ressources », car

il ne manqua pas dans les besoins de l'État
de faire appel aux communautés qui, chaque
fois qu'elles furent autorisées à emprunter,
obtinrent de nouveaux privilèges. « Un abus
en entraîne toujours un autre. »

Alors les subdivisions dans les professions
augmentèrent ; l'ouvrier n'eut plus le droit
de vendre ce qu'il fabriquait sans passer par
le marchand et la qualité de marchand se
vendit très cher. Ce fut un « nouveau monopole contre l'ouvrier et sur l'étoffe » ; attendu
que le marchand dut retrouver ce qu'il lui
en avait coûté pour obtenir la permission de
vendre. A leur tour, les ouvriers, qui n'a-
vaient plus à s'occuper de la vente des produits fabriqués et qui recevaient la soie grège
des mains des marchands firent réduire le
nombre des apprentis ; ils eurent ainsi les
moyens d'exercer un monopole contre ceux
qui les employaient et « de se liguer entre
» eux pour faire des cabales et obtenir une
» augmentation de salaires ».

« Quel a été l'effet de tout cela ? De ren-
» chérir considérablement nos étoffes, de
» leur donner une valeur fictive qu'elles
» n'auraient pas eue si on avait laissé à cha-

» cun la liberté d'avoir autant d'apprentis
» qu'il eût voulu, de fabriquer, de vendre. »
La mode ayant maintenu néanmoins la
consommation de la soie à un certain niveau,
tout alla bien pour les monopoleurs, tant
qu'ils n'eurent pas de concurrents au dehors ;
mais la révocation de l'Édit de Nantes fit
porter notre industrie à l'étranger ; 20,000
personnes quittèrent Lyon, laissant chez nous
« les maîtrises, les communautés, la longueur
» des apprentissages et les statuts. »

Le gouvernement anglais favorisa les
fabriques par une protection douanière ; en
1683 et auparavant, les Anglais tiraient de
France pour 12 millions de galons et de
soieries ; un peu plus tard, ils achetaient
encore 8 millions de nos étoffes de Lyon, de
Tours et de Paris pour les revendre à l'Allemagne et à d'autres pays. Ensuite, ils se pas-
sèrent de nos produits et même nous en four-
nirent[1]. Les fabriques se multiplèrent de
même en Hollande.

Alors, les communautés se plaignirent et

1. On comptait déjà en 1694, 1000 métiers, à Canterbury
et d'autres à Spintafield, faubourg de Londres. En 1698,
les taffetas français furent prohibés en Angleterre.

chacune d'elles s'imagina que si son travail diminuait, c'était parce que la communauté voisine avait entrepris sur sa partie ; « de là » des divisions, de là des chicanes qui char- » gèrent la fabrique de nouveaux frais, car » il fallait plaider et sur quoi prendre ces » frais, si ce n'était sur les ouvriers, sur les » fabricants, sur les étoffes » ? Il en résulta un nouvel avantage pour l'étranger.

Les ouvriers manquant d'ouvrage murmu- rèrent? Que trouva-t-on pour y remédier? de limiter le nombre des métiers en inter- disant d'employer des compagnons étrangers à Lyon ou de prendre des apprentis qui ne fussent pas nés à Lyon. On alla, « par un article indécent » jusqu'à interdire de pren- dre des apprentis mariés et aucun apprenti.

« Ne dirait-on pas, en voyant toutes ces » restrictions, que, depuis que l'on a connu » le commerce et la fabrique en France, on » les a regardés comme des maux contre » lesquels il fallait prendre des précautions » pour les empêcher de s'étendre ? Mais » pendant que la ville de Lyon se prêtait à » la cupidité de ses communautés, elle » éloignait d'elle le commerce et favorisait

» les fabriques de Londres et d'Amsterdam. »

Le Gouvernement eut des guerres à soutenir; il demanda à Lyon de grosses sommes; les habitants furent taxés « non comme citoyens, mais comme ouvriers ». Nouveaux emprunts des communautés, nouvelles exigences de leur part. Les divers droits de réception furent augmentés, mais « les fabri-
» cants sur lesquels les taxes paraissaient
» tomber s'en sont peu inquiétés; ils ont
» senti qu'en enchérissant les apprentissages
» et les réceptions à la maîtrise et à la qua-
» lité de marchand, ils éloignaient les aspi-
» rants, et qu'ayant par là plus de facilités
» à augmenter encore le prix de leurs étoffes,
» ils n'en exerceraient que plus sûrement,
» et d'une manière plus lucrative le mono-
» pole... dont on les avait laissés s'emparer,
» au préjudice du bien général du com-
» merce... ».

Pendant ce temps, l'étranger profitait de tous les avantages que procure la liberté, et il avait, de plus, celui de pouvoir emprunter à bien plus bas prix qu'on ne le faisait à Lyon; quand l'argent se prêtait à 6 0/0 dans cette ville, on en trouvait à 3 0/0 en Angleterre.

Pour se tirer d'affaire sans trop surhausser les prix, les Lyonnais « altérèrent la fabrique » et diminuèrent le poids des étoffes »; étant en petit nombre, il leur fut facile d'agir de concert. Le Gouvernement voulut empêcher les fraudes, et par des règlements de 1737 et de 1744, le premier en 208 articles, le second en 183, il régla la fabrication. Des lois si compliquées ne pouvaient avoir et n'eurent d'autre effet que de provoquer les contraventions et de rendre la profession de fabricant si désagréable que l'émigration recommença.

Les étrangers attirèrent les mécontents par des promesses et des récompenses; notre fabrique s'affaiblit et l'effet de ce nouvel affaiblissement fut encore de diminuer la concurrence chez nous et de renchérir de nouveau la main-d'œuvre et les étoffes. Aussi les Anglais ne nous tirent pas à présent pour 500,000 livres d'étoffes de soie et de galons, et les Hollandais nous en tirent à peine pour un million. Et ces deux nations nous fournissent des soieries.

« Si mille Gênois se déterminaient à venir » aujourd'hui s'établir à Lyon, que pourrait-

» il arriver de plus heureux pour le roi qui
» acquerrait mille nouveaux sujets, pour
» nos terres qui gagneraient mille consom-
» mateurs, pour la ville de Lyon qui acquer-
» rait mille ouvriers de plus ? »

Cependant, si habiles qu'ils fussent, on exi-
gerait d'eux cinq années d'apprentissage,
cinq années de compagnonnage et, pour
devenir maîtres, il leur faudrait payer
400 livres[1].

Ils auraient beau dire « qu'ils savent faire
» de beaux velours, qu'ils nous en vendaient
» avant de sortir de leur pays, que d'ailleurs
» ils n'ont d'autres biens que leur industrie,
» qu'il n'est pas juste de commencer de les
» mettre à l'amende parce qu'ils veulent
» travailler et contribuer à enrichir l'État et
» la Ville, tout cela serait inutile ». Ils iraient
donc débarquer en Hollande et en Angle-
rerre. « On demande à tout homme de bon
» sens si la fabrique et le commerce ne doi-
» vent pas déchoir dans un pays d'où on
» éloigne ceux qui veulent les faire. »

1. En 1667, le droit avait été fixé à 50 livres. Vers
1750, les marchands demandèrent qu'il fût porté à
800 livres.

« Nos monopoles et nos restrictions font,
» qu'à qualité égale, nos étoffes doivent nous
» revenir plus cher que chez l'étranger. On
» a réduit le commerce au plus petit nombre
» de mains qu'il est possible ; on veut ga-
» gner le plus qu'il est possible, or, cela ne se
» peut faire qu'en surhaussant le prix de la
» marchandise. »

De plus, on sait que « la matière première
» doit être libre parce que les droits qu'on
» lui fait payer augmentent la valeur fictive
» des étoffes ». Or, Lyon est excepté de
cette règle ; grâce à sa douane[1], la soie est
chargée de droits élevés ; les matières d'or et
d'argent qui entrent dans les galons sont en
outre assujetties à des droits très lourds de
marque et d'affinage. La marque n'existe ni
en Angleterre, ni en Hollande ; l'affinage y
est peu coûteux. Et dans ces deux pays, où

1. La douane de Lyon était très ancienne ; elle avait
été réorganisée en 1540. Toutes les soies, soieries, étoffes
d'or et d'argent venues de l'étranger ou entrant en
France par Bayonne, Narbonne, Suze et Montélimar
devaient passer par Lyon pour y être visitées et y ac-
quitter les droits. Nous parlerons plus loin de ce singulier impôt.

il n'y a pas de communautés [1], où l'artisan n'est pas taxé comme ouvrier, mais comme citoyen, où le fabricant ne connaît pas le nombre de ses concurrents, on lutte par la frugalité et l'économie ; on y fait fortune, non en surhaussant les prix et en restreignant le commerce, mais en acquérant la supériorité sur ses émules.

En somme, disait en terminant Gournay, on ne s'est occupé jusqu'ici qu'à rendre l'industrie désagréable pour les fabricants ou qu'à la mettre aux mains d'un petit nombre de gens, « sans songer que le plus
» grand de tous les abus est d'éloigner les
» hommes de l'occupation et de priver l'État
» du fruit qui lui reviendrait de leur travail...
» Un commerce limité, sujet à des gênes et
» à des restrictions, sera toujours ruiné
» lorsqu'il sera attaqué par des fabriques
» libres ; le plus grand nombre doit à la fin
» écraser le plus petit... Et parce que nous
» nous sommes mis malheureusement un
» bras en écharpe sous Henri II, faut-il qu'il

1. Ceci n'était pas tout à fait exact, mais les ouvriers français pouvaient s'établir librement dans les faubourgs de Londres.

» y reste sous Louis XV et dans un temps
» où tous les souverains de l'Europe sont
» occupés de délier les bras de leurs sujets ?...
» Qu'on nous rende l'usage de nos deux bras
» et nous serons en état de regagner le ter-
» rain que nous avons perdu ».

Nous nous sommes efforcé de ne point affaiblir le langage de Gournay et d'en conserver la brusque franchise. C'est la première fois, c'est la seule peut-être, qu'un fonctionnaire ait osé, en s'adressant directement à des monopoleurs, leur dire d'aussi dures vérités.

VII

Réponse de la Chambre de commerce de Lyon. — Rancunes des fabricants contre Gournay. — Projet plus général contre les corporations. — Réformes partielles.— Mémoire de Clicquot-Bervache et Gournay.

Si aujourd'hui, par suite d'un revirement inattendu, l'un des partis politiques, qui se disputent le pouvoir, inscrivait sur son programme la destruction du protectionnisme douanier, il ne jetterait probablement pas plus de trouble dans le camp des industriels et des propriétaires terriens que n'en dut en jeter le mémoire de Gournay parmi les fabricants de Lyon. « Cette nouveauté » leur parut extraordinaire et d'autant plus dangereuse que le mémoire avait reçu une assez grande publicité, qu'il avait été communiqué, non seulement à la Chambre de commerce, mais aux principales communautés de la ville et, sur la demande expresse de l'intendant, aux commissionnaires en marchandises , qui, libres dans leur profession[1], devaient

1. La profession de commissionnaire était libre partout en France, sauf à Paris.

8

art et un frein pour leurs mœurs. S'ils ont été sages et économes, ils peuvent, avec leurs épargnes, pourvoir aux frais de réception à la maîtrise. En tout cas, ce sont des ouvriers excellents, et la preuve, c'est que les Anglais veulent les attirer chez eux. Tant qu'un peuple ne possède pas la supériorité dans un art, il est de bonne politique pour lui de se fortifier par des lumières étrangères ; une fois que cette supériorité est acquise, il doit être jaloux de conserver son trésor. L'industrie lyonnaise n'a d'ailleurs fait que prospérer : en 1683, on comptait 2,000 métiers occupant 10,000 personnes ; en 1739, il y en avait 7,500, avec 48,500 personnes ; maintenant, 1753, on en compte 10,000, avec 60,000 personnes. Sans doute, cette extension est due en partie au développement du luxe, et elle aurait été plus forte sans la concurrence étrangère ; mais si les produits français n'avaient pas un avantage par la perfection du tissu et l'élégance du goût, cette concurrence eût été encore plus grande.

Avec le travail libre, les fabriques étrangères s'enrichiraient de nos dépouilles, les ouvriers étrangers viendraient s'installer chez nous pour porter ensuite notre art au dehors. Une multitude de gens de toute nation se mêlerait de faire des étoffes, achèterait de la soie et en ferait augmenter le prix. « Dans quel chaos » se trouverait-on plongé ? Plus de règles, plus de fidélité ; la confiance des consommateurs s'évanouissant, nous entasserions un amas d'étoffes. La fabrique serait bientôt détruite. Mais « ces malheurs ne » sont que dans la spéculation ; attachons-» nous à ce qui existe et jetons un regard » de complaisance sur l'état florissant de » notre fabrique ». Nous ne payons pas nos ouvriers trop cher ; leur activité et leur assiduité sont supérieures à celles des ouvriers de toutes les nations ; si on en augmentait le nombre, ce serait autant de misérables qu'on créerait.

Sans doute, ce nombre est parfois insuffisant, parce que l'industrie de la soie est sujette aux variations de la mode, mais il vaut mieux encore restreindre la consommation que de chasser des ouvriers quand le débit s'affaiblit.

Sans doute aussi, le prix des étoffes a augmenté et leur poids a diminué ; mais ce

résultat n'est pas dû à l'avidité des fabricants ;
depuis quinze ans, le prix de la matière première a augmenté de 30 à 40 pour cent, par
l'effet tant de la concurrence étrangère que
de l'accroissement de la consommation et
des mesures prises en Espagne et en Italie
pour empêcher la sortie des soies grèges.
Le mal provient des difficultés que rencon-
trent les fabricants de Lyon. Il faudrait que
le Gouvernement les aidât, en atténuant la
rigueur des règlements qui prescrivent
de faire les étoffes dans des largeurs déter-
minées et qui interdisent l'emploi des
soies crues ; il faudrait supprimer le droit
de marque sur les matières d'or et d'argent
et diminuer les droits d'affinage[1] ; il faudrait inviter la Compagnie des Indes à im-
porter en France des cocons et non des tissus, renouveler les défenses pour le port des
étoffes dont l'importation est prohibée, aider
à la multiplication des mûriers en France et
dans les colonies, interdire en fait l'expor-

---

1. Les droits sur un lingot d'argent de 2.500 livres
étaient : pour la marque, 60 livres ; pour l'affinage,
50 livres ; pour le contrôle de la dorure 12 livres ; pour
l'étirage, 4 livres.

tation des soies teintes, déjà interdite en droit [1], afin de ne pas faire profiter l'étranger du bienfait de nos eaux et de notre climat qui nous donnent des couleurs plus vives, restreindre enfin l'usage des deuils publics qui réduisent la consommation des tissus de soie.

Le langage des marchands de Lyon est celui des protectionnistes de tous les temps : les privilèges sont chose excellente ; ils ne portent aucune atteinte au développement de l'industrie, les chiffres le prouvent, et l'on en trouve pour toutes les occasions ; ces privilèges sont favorables aux ouvriers aussi bien qu'aux patrons ; les salaires sont bas, il est vrai, mais le travail est assuré ; la production est insuffisante, et les prix de vente sont excessifs, mais le consommateur ne se plaint pas. S'il y a quelque mal, la concurrence en est l'unique cause. Tout inconvénient disparaîtrait, si la protection était plus efficace, si le Gouvernement empêchait l'introduction des produits fabriqués à l'étranger, s'il favorisait le développement de la

1. Par arrêt du 20 février 1725.

consommation intérieure, ainsi que la production et l'importation à bas prix des matières premières.

Les fabricants de Lyon voulaient, en plus, être protégés contre la concurrence intérieure. Lynx envers leurs pareils, et taupes envers eux, ils demandaient que le Gouvernement atténuât la rigueur des règlements qui les concernaient, mais ne parlaient pas des règlements de la soie dans les autres villes ; ils voulaient que l'usage des deuils publics fût restreint, pour que l'industrie de la laine ne fût pas favorisée ; ils se seraient imaginé volontiers que la grandeur ou le déclin de la France dépendait de leur prospérité.

Gournay avait proposé de réduire les droits de marque et d'affinage ; c'est la seule partie de son projet que retenait la Chambre de commerce.

Les faits donnaient toutefois raison contre elle à l'intendant. Pendant qu'elle se complaisait dans l'éloge de l'organisation corporative, les communautés continuaient à se quereller, ainsi que Gournay l'avait constaté au début de son mémoire. Les tireurs d'or

voulaient contraindre les passementiers à se
servir de leur intermédiaire pour la fabrication des galons. Gournay avait incidemment
traité cette question spéciale, en s'adressant à la chambre de commerce. Il y revint
dans un nouveau mémoire : le texte ne nous
en est pas parvenu, mais nous savons que,
sans s'occuper des plaintes des fabricants,
il persista à montrer les conséquences des
priviléges. Il écrivit, en effet, à Flachat de
Saint-Bonnet :

« Quant à moi, mon objet dans ce mé-
» moire a été bien moins de soutenir mon
» opinion que d'exposer aux yeux mêmes
» des parties intéressées, les progrès qu'ont
» faits nos rivaux dans une fabrique qui leur
» était pour ainsi dire tout à fait étran-
» gère[1]. »

L'été suivant, Gournay se rendit à Lyon :
on ne s'étonnera pas qu'il y ait été mal
reçu. Les fabricants trouvèrent que ce fonctionnaire ignorait son métier, parce qu'il
commettait quelques erreurs de faits, faute
de connaître le local, ainsi qu'il avait eu soin

[1]. 30 mai 1753.

de l'avouer; ils déclarèrent qu'il avait de grands principes et peu de détails. Il invoquait des considérations générales ; on lui répondait par des minuties. « On ne s'entendit donc point et l'on se quitta assez mécontents l'un de l'autre; » c'est ce qu'a rapporté avec complaisance un fabricant de Lyon[1] en 1761.

Gournay ne devait point s'attendre à une meilleure réception ; attaquer les privilèges n'est pas le moyen d'attirer à soi les privilégiés. Il savait, d'ailleurs, qu'il ne pouvait compter sur l'appui de Machault. Ce ministre croyait favoriser le développement de la richesse nationale en créant des pépinières de mûriers à l'aide d'une taxe additionnelle à la taille, et songeait à n'accorder désormais la permission de planter des vignes qu'aux propriétaires qui planteraient des mûriers[2]. Les intérêts de l'agriculteur, du consommateur et du contribuable étaient ainsi sacrifiés à ceux des fabricants de soie.

Le remplacement de Machault au contrôle général modifia l'état des choses.

1. *Journal du Commerce* d'avril 1761.
2. Marion, *Machault d'Arnouville*.

« J'ai eu hier une conversation avec
» M. de Séchelles, » note d'Argenson, dans son
journal, à la date du 17 août 1755 ; « je me
» suis réjoui du système où je l'ai vu et où je
» l'ai tant excité, depuis qu'il est en place :
» c'est de laisser une grande liberté au com-
» merce. Il se plait à entendre discourir
» M. de Gournay, qui pousse cette idée et l'ap-
» plique merveilleusement. M. de Séchelles
» dit que M. de Gournay [1] va jusqu'à lui
» proposer de rompre les jurandes, c'est-à-
» dire les communautés d'artisans et de
» marchands, de façon que les métiers soient
» ouverts, ce que j'approuve fort. »

Gournay ne parvint pas à faire aboutir une
réforme aussi radicale, mais il réussit, par
des décisions d'espèces, à introduire dans
l'organisation du travail, un grand nombre
d'améliorations.

Il fit admettre qu'un apothicaire, qui avait
fait son temps d'apprentissage à Paris, pourrait exercer ailleurs[2]; qu'un ouvrier en
soie, né en Savoie, pourrait, malgré sa qua-

1. De ce passage semblerait résulter que d'Argenson
n'avait pas de rapports personnels avec Gournay.
2. 12 novembre 1754.

lité d'étranger, être admis comme compagnon à Lyon, où il avait fait son apprentissage ; qu'un maître batteur d'or de Paris pourrait être maître batteur à Lyon [1]. Ces décisions particulières formaient des précédents appliqués dans les occasions similaires. Elles furent complétées par un arrêt du Conseil du 25 mars 1755, en vertu duquel les ouvriers étrangers à une localité eurent dorénavant le droit d'exercer leur métier dans une autre, sans recommencer leur apprentissage ; il ne fut fait d'exception que pour les grandes villes, Paris, Lyon, Lille, etc. En même temps, fut mise à l'étude, la suppression du droit d'aubaine [2]. Un arrêt du 30 décembre réunit ensuite la ferme de la douane de Lyon à la ferme générale et affranchit les soies de l'obligation de passer à Lyon pour payer les droits. Enfin, des commerçants furent appelés à occuper de hautes fonctions : le sieur Policard fut désigné comme l'un des présidents

1. 4 septembre 1755.
2. D'Argenson, 9 novembre 1755. « Le côntroleur général travaille actuellement à ôter tout droit d'aubaine et à rendre l'exemption générale..., ce qui nous attirera beaucoup d'étrangers. »

des trésoriers de France, et le Parlement de Bordeaux ayant refusé de le recevoir, Moreau de Séchelles écrivit à ce négociant une lettre où l'on retrouve les sentiments dont Gournay avait fait part à Trudaine, au sujet de la nécessité d'honorer le commerce[1].

Pendant cette période, la jurisprudence en vertu de laquelle étaient rejetées les demandes de modifications aux statuts des corporations fut appliquée avec rigueur[2]. Gournay, qui parlait toujours librement, ne manquait pas de souligner, dans ses rapports au bureau du commerce, l'absurdité des prétentions des gens de métiers. C'est ainsi qu'ayant à rendre compte des conflits qui existaient à l'état permanent à Lyon entre les boulangers et les pâtissiers, entre ceux-ci et les poulaillers-rôtisseurs, il mit plaisamment en relief la conclusion de ces derniers : « Les pâtissiers n'ont pas en vue l'intérêt public[3]! »

1. D'Argenson, 13 avril 1756. — Lettre de Moreau de Séchelles, dans la *Gazette de Hollande*, nouvelles du 9 avril 1756.

2. 2 septembre 1755. — Pâtissiers et rôtisseurs d'Évreux. — Menuisiers d'Orléans. — *Procès-verbaux du bureau du commerce*.

3. 26 août 1755. — Mêmes *procès-verbaux*.

A la même époque, des tentatives furent faites en vue d'éclairer l'opinion sur les conséquences du régime corporatif. Plumart de Dangeul dans ses *Remarques sur les avantages et les désavantages de la Grande-Bretagne*, publiées en 1754, ne craignit pas de dire en parlant des corporations :

« Ce sont des corps hors de la République, qui de leurs chartes et privilèges se font un rempart contre l'industrie de leurs compatriotes. »

Trois ans plus tard, l'académie d'Amiens mettait au concours la question de la suppression des corporations. Déjà, cette académie, créée récemment et dans laquelle le duc de Chaulnes avait fait entrer Gournay[1], avait ouvert plusieurs concours sur des sujets d'économie politique[2] : en 1752, sur le commerce de la France sous les deux premières races[3] ; en 1753, sur le commerce des laines ; en 1755, sur l'intérêt de l'argent ; en 1756 sur le commerce du moyen âge[4].

1. Baron, *Éloge de Gournay*.
2. Bibliographie, à la suite de la traduction des *Discours politiques de Hume*, 1754.
3. Lauréat, *L'abbé Carlier*.
4. Lauréat, *Clicquot-Bervache*.

Les termes du problème posé aux concurrents pour l'année 1757 ne laissent pas de
doute sur l'intervention de Gournay :

« Quels obstacles les corps de métiers op-
» posent-ils à l'industrie ? Quels avantages
» résulteraient de leur suppression ? Les
» secours que les corporations ont donnés à
» l'État ont-ils été nuisibles ou avantageux ?
» Quelle serait la meilleure méthode de
» procéder à la suppression de ces corps ? »

Gournay ne se contenta pas de rédiger le
programme de la question à résoudre ; il re-
vit, avant l'impression, le mémoire que cou-
ronna l'Académie.

« Ce mémoire, dit Du Pont de Nemours [1], a
» été composé par M. de L'Isle, sous les yeux
» et sur les conseils de l'illustre M. de Gour-
» nay…. On y reconnaît, comme dans tout ce
» qui émanait de ce digne magistrat, d'excel-
» lents principes sur la liberté du commerce.
» On y trouve les observations les plus justes et
» les mieux fondées sur le tort que font à la
» société les règlements des manufactures
» et les exemples les plus singuliers du

____

1. *Éphémérides du citoyen*, 1769.

gers un tribut plus fort que les autres nations commerçantes « tribut qui nous privant
» de la préférence doit diminuer nos expor-
» tations et refouler sur le principe, c'est-à-
» dire sur la culture et la multiplication des
» matières premières ».

« Si les frais que les membres des corporations ont payés pour leurs privilèges au
lieu d'être employés à la construction des
instruments, des métiers et des ustensiles
nécessaires à leur profession, étaient restés
entre leurs mains comme un capital utile à
l'achat des matières et comme un fonds des-
tiné au commerce, ils pourraient travailler et
vendre à meilleur marché. »

« Les principes du commerce ne sont pas
» nombreux et se réduisent à ceux-ci :
» Rendre le commerce libre et nécessaire ;
» Faire en sorte qu'il soit de l'intérêt des
» autres nations de commercer avec nous ;
» Multiplier les mains et augmenter le peu-
» ple dans le commerce. »

« Pour cela, ajoutaien t-ils, il ne faut ni monopoles, ni restrictions ; il faut que les ouvriers puissent se déplacer et ne soient pas
astreints à rester dans une même localité ;

que tous aient le droit d'avoir des métiers et de prendre des apprentis. Il est inutile de prolonger l'apprentissage et de le régler par la loi. Plus de compagnonnage, plus de chef-d'œuvre. Si un homme n'est pas capable, il sera écarté tout naturellement, par la concurrence, d'un travail qu'il ne peut faire. Les sujets d'un même prince ont tous droit à la même protection ; des privilèges ne doivent pas être accordés aux uns et refusés aux autres. Quant aux étrangers, il faut se garder de les repousser, ils prennent dans l'industrie la place de ceux qui y font défaut. »

Et les auteurs demandaient la suppression complète de l'organisation corporative.

Mais comment passer de la période du monopole à celle de la liberté ? Dans le mémoire à la Chambre de commerce de Lyon, Gournay s'était tû sur ce point délicat ; il n'avait pu s'avancer cependant sans avoir un plan arrêté. Dans le travail que nous analysons, ce plan est nettement exposé.

Les auteurs considèrent les dettes que les communautés ont contractées pour l'État comme un dépôt sacré ; il serait d'ailleurs impossible, disent-ils, de supprimer d'un trait de plume un passif qui dépasse 30 millions. Mais l'État peut créer des ressources spéciales et temporaires pour l'éteindre : il peut mettre un impôt sur les objets de luxe, un octroi dans les villes, organiser une loterie ou suspendre pour quelque temps toute nomination aux abbayes. Une fois les dettes acquittées, les corporations, ayant entre elles de la ressemblance, pourraient se grouper pour former des associations où l'on pourrait entrer et d'où l'on pourrait sortir librement.

Ainsi, les privilèges devaient être détruits sans qu'il fût porté atteinte au droit d'association. Cette conclusion est assurément digne d'attention.

Le mémoire parut en 1758 [1] ; mais l'Académie d'Amiens, contrairement à ses usages, ne le fit pas imprimer à ses frais [2], et ni le lauréat Clicquot-Bervache, ni le

---

1. Sous le titre de *Considérations sur le commerce et en particulier sur les Compagnies, Sociétés et maîtrises* (sans nom d'auteur), et aussi *Mémoire sur les corps de métiers,* par M. De l'Isle.

2. De Vroil, *Clicquot-Bervache.* Décision de l'Académie, du 13 mars 1758.

correcteur Gournay, n'en avouèrent la paternité. On peut ne voir, dans ces faits, qu'une preuve de l'importance des changements apportés au travail primitif du lauréat. On peut y voir aussi une marque de la puissance des corporations, influentes par elles-mêmes, plus influentes encore par l'appui des gens de loi qui vivaient de leurs procès.

Les *Considérations sur le Commerce*, quoique signées d'un nom supposé, De l'Isle [1], firent leur chemin. En 1768, l'abbé Coyer, sur l'ordre de Maynon d'Invau, les transforma en un spirituel pamphlet, « *Chinski, histoire cochinchinoise* », où tous les ridicules des corporations furent mis en évidence. Le contrôleur général Laverdy fit faire par Bigot de Sainte-Croix une enquête dont la conclusion fut la suppression complète des privilèges des gens de métiers. Turgot, enfin, mettant à exécution une partie du plan de Gournay, supprima les corporations parisiennes [2].

1. Quesnay a pris aussi une fois le pseudonyme de De l'Isle.

2. Le Gouvernement avait institué depuis plus de vingt ans un bureau composé d'un conseiller d'État et

La grande réforme contenue dans l'édit de février 1776 n'eut, sans doute, qu'une durée de six mois ; mais plusieurs professions restèrent définitivement libres et les droits de maîtrise ne furent pas remis à leur ancien taux. En ce temps de réaction contre les idées libérales, le Gouvernement n'osa pas complètement détruire l'œuvre de Gournay, reprise par Turgot. L'opinion publique savait maintenant ce que valait le régime corporatif ; sa suppression complète n'était plus qu'une affaire de temps.

de deux maîtres des requêtes, pour opérer la liquidation et empêcher l'accroissement des dettes des communautés parisiennes. Il était donc bien renseigné sur leur situation financière. Pour les communautés de province, il n'avait pas d'indications précises ; ce fut le motif de l'ajournement de toute mesure en ce qui concernait ces dernières.

VIII

Le commerce du Levant; lettres de Gournay (1751-1754);
réforme des règlements. — Les privilèges exclusifs;
l'administration renonce à en accorder. — Privilèges
commerciaux. La Compagnie des Indes ; mémoire de
Gournay. — Ses voyages en France et leurs résultats.
— Création de la Société d'agriculture de Bretagne.

L'organisation du commerce du Levant est
l'un des plus curieux exemples que l'on puisse
donner des conséquences de l'intervention
du Gouvernement dans une matière qui n'est
pas de son domaine naturel.

Ce commerce consistait surtout dans l'envoi aux Échelles par les négociants de Marseille de draps fins[1], dit *londrins*, que fabriquaient les manufactures de Saptes, de Clermont (près Lodève) et de Carcassonne. Depuis le commencement du siècle[2], les États du Languedoc, d'une part, le roi, de l'autre, donnaient des primes à ces manufactures, à raison de 10 livres chacun par

---

1. Elles ne pouvaient, en vertu d'un règlement de
1676, fabriquer que trois sortes de draps.
2. 1682.

pièce fabriquée ; la pièce valait au début 160 livres. Grâce aux largesses ainsi faites aux dépens des contribuables, Marseille avait pu concurrencer avec succès l'Angleterre ; de 1708 à 1720, l'exportation des londrins avait passé de 10,000 pièces à 30,000.

La peste et la chute du système de Law provoquèrent une crise aux Échelles et des commerçants firent faillite ; la place de Marseille en ayant été affectée, le Gouvernement imagina, pour éviter le retour de pareils accidents, de réglementer le commerce du Levant. Il fixa le nombre des négociants des Échelles et les obligea à verser un cautionnement. Ces négociants, mis ainsi en possession d'un monopole, se querellèrent ; chacun d'eux trouva que sa part d'affaires était trop petite comparativement à celle des autres. Le Gouvernement rétablit l'ordre en fixant le nombre de balles de drap qu'ils pourraient vendre et en confiant aux consuls le soin d'arrêter les prix. Ceci se passait en 1730. Le résultat fut tout autre qu'on ne l'avait supposé. Les négociants vécurent en paix, mais employèrent des procédés de toute sorte pour s'affranchir de la tutelle des consuls : ils achetèrent des draps anglais par l'intermédiaire de maisons italiennes et firent concurrence au commerce français. L'exportation des londrins ayant baissé, les Marseillais se plaignirent et le Gouvernement trouva qu'il donnait des primes inutilement. Il y remédia en limitant le nombre de pièces de drap que chaque manufacture pourrait fabriquer et le nombre d'apprentis qu'elle pourrait avoir (1744). Puis, pour favoriser la production des laines nationales, il interdit, par un règlement du 12 mars 1745, l'emploi des laines étrangères pour la fabrication des londrins.

L'effet de ces diverses mesures, auxquelles on n'avait pas craint de donner le nom d'*arrangements*, fut d'amener tout à la fois la diminution de la production et l'introduction de la fraude dans la fabrication.

En 1742, on comptait dans le diocèse de Carcassonne 1,103 tisserands, ayant pour la plupart deux métiers et un compagnon ; en 1753, on n'y comptait plus que 904 tisserands avec un seul métier et point de compagnons. En outre, les fabricants cherchaient à rattraper sur la qualité ce qu'ils perdaient sur la quantité, et au lieu de faire de bons draps avec les laines d'Espagne qu'ils se procuraient à bon marché, en faisaient de mauvais avec les laines françaises qui coûtaient cher[1].

Gournay étudia la question. Le 13 août 1751, il écrivit à l'intendant du Languedoc :

« J'ai lu tout ce qui a été allégué en faveur
» de ce règlement, et tout ce qui en a résulté
» dans mon esprit est qu'il est absolument
» opposé à l'augmentation de notre commerce
» et à la concurrence si nécessaire pour le
» faire fleurir et empêcher les étrangers d'in-
» troduire leurs draps dans le Levant à la
» faveur de la cherté des nôtres... Cette
» affaire n'a point encore été mise sur le
» tapis au bureau du commerce. On dit même
» qu'il n'en sera question qu'après les va-
» cances... »

Elle n'y fut point portée ; Gournay la re-

1. Parmi les nombreux écrits publiés sur le commerce du Levant, il faut citer : les *Questions sur le commerce du Levant*, 1755. Les *Remarques sur plusieurs branches de commerce et de navigation*, par Peysonnel, consul à Smyrne, 1757. Le *Mémoire* de Clicquot-Bervache sur le commerce et la fabrication des draps destinés pour le Levant (dans De Vroil). *Les nouveaux motifs pour porter la France à rendre libre le commerce du Levant*, 1755.

trouva entière lors d'un voyage qu'il fit dans le Midi, en 1753.

La Roche Aymon, archevêque de Narbonne[1], qui avait la prétention de tout diriger dans le Languedoc, demanda à l'intendant du commerce de lui adresser un compte rendu de sa tournée. Gournay s'exécuta dès son retour à Paris.

« Pour me conformer à ce que vous avez » exigé de moi,... je ne puis que vous répé-» ter que les arrangements au Levant et la » fixation de la fabrique sont aussi nui-» sibles à l'État en général qu'à la province » du Languedoc en particulier.

» L'objet des manufactures dans les vues » de l'État est bien moins d'enrichir tel ou tel » fabricant que de donner de l'emploi au plus » grand nombre de pauvres gens et d'oisifs, » parce que l'État s'enrichit certainement » lorsque tout le monde y est occupé. D'ail-» leurs, l'effet de la liberté est de faire » cesser les brigues et les cabales... en » procurant à chacun la faculté de négocier » aussi librement et aussi abondamment » qu'il est possible. Cette liberté est le

1. Depuis cardinal, archevêque de Reims.

» moyen le plus efficace que nous ayons à
» opposer aux nations jalouses et rivales
» de notre commerce [1]. »

Quelques jours après, Gournay s'adressait
à l'intendant de la province et lui exprimait
les mêmes idées sous une forme plus saisis-
sante :

« Tout ce que j'ai vu dans le Languedoc
» me persuade que le commerce de la pro-
» vince peut doubler, qu'en étendant notre
» fabrication, nous étendrons nos débouchés,
» que nous en ouvrirons même de nouveaux,
» si l'on n'en interdit aucun, car il y a plus
» d'habitants à habiller dans le monde qu'il
» n'y a de mains dans le Languedoc pour
» filer et pour fabriquer [2]. »

L'année suivante, c'est à Trudaine que
Gournay signala les effets fâcheux du règlement rendu sur l'industrie du Languedoc.

« Vous verrez, par le préambule de ce rè-
» glement, qu'il n'est rien moins que l'ouvrage
» du Conseil... Je vous avoue que je suis
» toujours surpris que l'ouvrage d'un seul
» homme... ait mérité tant de confiance ; il

1. 19 janvier 1754.
2. 23 janvier 1754.

» me paraît très susceptible de révision,
» surtout quand, dans la façon dont le règle-
» ment est entendu et par l'extension qu'on
» lui donne, il en résulte autant de gêne
» pour la fabrication et le commerce...[1] »

Et il recommandait à Trudaine de se faire représenter un autre règlement, du 3 janvier 1744, rendu aussi pour la généralité de Montauban, sur le fait des toiles, afin de lui faire toucher du doigt les gênes causées par l'esprit d'intervention...

Quel était l'auteur de ces règlements, dont le plus important n'avait pas même été discuté par le Conseil du commerce ? Un inspecteur ou un intendant du commerce trop zélé. Qui en surveillait l'application ? Ce Michau de Montaran qui avait le Languedoc et la généralité de Montauban dans sa circonscription et qui s'opposait sans cesse aux réformes proposées par Gournay.

Cependant celui-ci triompha en partie dans la circonstance. Le Gouvernement permit aux fabricants du Languedoc de fabriquer autant de pièces de drap qu'ils voudraient.

1. 14 décembre 1755.

Saint-Gobain, en vertu d'un privilège limité
à trente ans en droit, mais perpétuel en fait,
car il était renouvelé à l'échéance; il le fut
en 1732, puis en 1762, et l'aurait sans doute
été en 1792 sans la Révolution.

En principe, les privilèges exclusifs, souvent accompagnés du titre honorifique de
manufacture royale, étaient destinés aux
inventeurs[1] de produits nouveaux, mais tout
individu qui rapportait de ses voyages à
l'étranger un procédé de fabrication quelconque et qui était assez bien appuyé pour
faire croire à son mérite en obtenait un.
Des charlatans, des industriels de la plus
basse espèce en possédaient. On pouvait
voir à Paris, sur les boulevards, une balance
pour peser les passants sur le fléau de
laquelle était accrochée la copie d'un privilège, accordé en 1724 au propriétaire de
la balance et portant défense à quiconque
de s'immiscer dans son emploi à peine de
200 livres d'amende[2].

L'objet principal des privilèges exclusifs

1. Ils étaient ordinairement donnés pour 21 ans.
2. Le Trosne, *De l'utilité des discussions économiques*, déjà cité.

était de permettre aux titulaires de poursuivre leurs concurrents par voie de justice et tous usaient de leur droit avec autant d'âpreté qu'en mettaient les gens de métiers dans la défense de leurs intérêts.

En 1754, Dangeul[1] écrivit à propos des privilèges exclusifs :

« Il n'y en a pas un qui ne soit injuste et déraisonnable. C'est un vol fait à la société. L'industrie de plusieurs est arrêtée et découragée par la crainte qu'après bien du temps et de la dépense, un privilège ne vienne leur faire perdre sans ressources leurs avances et leur peine. Tous ceux qui sollicitent un privilège n'appellent pas un seul prétexte plausible qui puisse l'obtenir. Si c'est un secret que ce qu'ils proposent, ont-ils besoin de privilège pour garder un secret? Allèguent-ils qu'on contrefera leurs ouvrages? Si les leurs sont meilleurs, ils sont sûrs de la préférence[2] ? »

1. *Remarques sur les avantages et les désavantages de la Grande-Bretagne.*

2. Bien avant Dangeul, Savary dans le *Dictionnaire du commerce* avait condamné en partie les privilèges exclusifs.

Cette opinion, excessive à certains égards, mais qui s'explique par les abus du temps, était celle de Gournay, qui réussit à la faire adopter par le bureau du commerce.

« Vous ne devez compter sur aucun pri- » vilège exclusif, » écrivait-il à un industriel avant que le livre de Dangeul eût paru, « le Conseil étant résolu de n'en point accor- » der. »

» On est trop convaincu par l'expérience » du préjudice que causent ces sortes de » privilèges pour en accorder davantage[1], » disait-il, à propos d'une autre demande de pri- vilège. « Si la perfection que le fabricant a » donnée à son genre d'étoffes ne peut être » imitée, le débit qu'il obtiendra produira » l'effet d'un privilège et le dédommagera » suffisamment[2]. »

Les seuls modes d'intervention qu'admit Gournay étaient l'encouragement et la ré- compense. Quand un industriel créait une manufacture, il proposait de lui accorder quel- ques gratifications pécuniaires, de l'exemp- ter du paiement des droits de douane sur

1. 14 janvier 1754.
2. 6 avril 1756.

ses matières premières et de lui faire espérer le titre purement honorifique de manufacture royale le jour où il aurait monté un certain nombre de métiers. Dans sa pensée, et en attendant que la liberté fût complète, il était utile de favoriser le développement de l'industrie, encore rudimentaire en France. « En procurant des occupations à un grand nombre de personnes, disait-il, on fait le bien de l'État[1]. » Et il conseillait à Trudaine, quand un bon résultat avait été constaté, de ne point différer le paiement des récompenses promises aux fabricants : « Vous savez le proverbe espagnol : Quien da luego da dos voces[2]. Cette faveur exciterait leur émulation et celle des autres fabricants. »

Avoir amené l'administration à renoncer aux concessions de privilèges directs[3] était un résultat heureux, bien que quelques

1. 28 janvier 1756.

2. « Et donner à propos, c'est donner doublement. » Casimir Delavigne.

3. Il ne s'agit que des privilèges exclusifs ; l'administration continua à donner des privilèges à des industriels pour leur permettre de fabriquer des produits dont les corporations pouvaient revendiquer le monopole.

inventeurs méritants pussent en souffrir. Mais il existait tant de privilèges, directs ou indirects, et ils embrassaient tant d'objets, que le changement de jurisprudence ne pouvait produire d'effets bien visibles.

A l'intérieur, les droits de traite séparaient les provinces réputées étrangères de celles qui avaient été enclavées dans les cinq grosses fermes. Lyon avait, par sa douane, le marché exclusif des soies. Les provinces, les villes, les localités de la plus médiocre importance levaient des droits d'octroi, dont l'origine était souvent plus protectionniste que fiscale. Ainsi la petite ville de Souillac interdit de vendre dans son enceinte d'autre vin que celui de sa banlieue, et sa délibération fut homologuée par le Parlement de Bordeaux[1].

Il y avait partout des barrières qui limitaient les transactions, resserraient les marchés et permettaient à quelques bourgeois syndiqués d'accaparer tel ou tel commerce et d'agir sur les prix.

A la frontière, la prohibition des produits manufacturés venant de l'étranger

1. Le Trosne, *De l'Utilité des discussions économiques.*

était la règle; l'entrée des matières premières nécessaires à l'industrie indigène était seule à peu près libre : les laines non filées, les cotons en laine, les chanvres et les lins en masse, les poils de chèvre et de chameau, depuis quelques années, ne payaient aucun droit.

Quant au commerce maritime, il était réservé aux seuls nationaux, et ceux-ci ne pouvaient opérer dans un port quelconque et pour un pays quelconque; chaque port avait sa spécialité, c'est-à-dire ses privilèges d'arrivée ou de destination. Les vins du « pays supérieur » devaient déboucher à Bordeaux; les vins pour les colonies ne pouvaient être embarqués qu'à Bordeaux ou à Nantes. Marseille, sous prétexte de surveillance sanitaire, avait le privilège exclusif des relations avec le Levant.

Enfin, le monopole de la Compagnie des Indes absorbait toutes les relations avec l'Asie, l'Afrique et l'Amérique. Personne, sans l'autorisation de la Compagnie, ne pouvait faire la traite des esclaves, qui était alors un gros élément du commerce de long cours. La Compagnie se réservait d'opérer en Guinée, depuis le cap Blanc jusqu'à la Sierra-Leone; elle ne permettait aux armateurs d'envoyer leurs vaisseaux chercher des nègres que sur la côte comprise entre la Sierra-Leone et le cap de Bonne-Espérance, et moyennant une redevance de 10 livres par tête de nègre, qui venait s'ajouter à la prime de 13 livres par tête que lui accordait le roi[1].

De même, la Compagnie pouvait seule vendre en France le poil de castor et interdisait de fabriquer des chapeaux avec d'autres matières; elle tolérait le mélange du poil de castor avec le poil de lapin[2], mais s'opposait à l'emploi du poil de lièvre.

Cependant, malgré les rentes de toute espèce qu'elle levait ainsi sur le consommateur, la Compagnie était dans une situation financière déplorable. On avait supposé, quand elle avait été organisée, qu'elle viendrait un jour en aide à l'État;

1. *Essai sur les Intérêts du commerce maritime*, par D'Heguerti, 1754.
2. C'est ce qu'on appelait le demi-castor. Voir *Corps d'observations de la Société d'agriculture de Bretagne*.

elle avait constamment sollicité son assistance pécuniaire et la sollicitait encore en 1754.

Deux commissaires du roi surveillaient ses opérations. L'un était Michau de Montaran, qui passait pour spéculer au lieu de surveiller; l'autre était Silhouette, magistrat intègre, qui dans un de ses rapports montra la Compagnie à bout de ressources, rongée par une administration défectueuse, aux mains de directeurs qui faisaient du commerce pour leur compte, sans se soucier ni de l'intérêt des actionnaires, ni de celui de l'État. La Compagnie, pour continuer à vivre, avait besoin de plus de cinquante millions qu'elle ne pouvait se procurer ni par une émission d'actions dont le public n'aurait pas voulu, ni par un emprunt pour lequel il aurait fallu proposer un taux usuraire.

Soit que les assertions de Silhouette aient été contestées par Montaran, soit que le Gouvernement ait voulu avoir l'opinion d'un homme étranger à la Compagnie, Gournay fut chargé d'en examiner la position réelle. Il avait étudié les questions relatives au commerce des Indes, avant d'être nommé intendant du commerce :

« Permettez-moi de vous remettre, » lit-on dans une lettre à Trudaine du 25 septembre 1752, « un mémoire que je fis, il y a » deux ans, sur nos affaires avec l'Espagne » où j'ai tâché d'établir que nous sommes » dans un cas particulier vis-à-vis de cette » puissance relativement au commerce des » Indes et que, dans l'état actuel où sont » les choses, l'intérêt des Anglais et des » Hollandais diffère absolument des nôtres. » Il présenta son nouveau rapport à Moreau de Séchelles le 26 juin 1755 et confirma entièrement les dires de Silhouette.

La Compagnie poursuit deux objets principaux, expliqua-t-il, l'entretien et la défense de nos possessions dans les Indes, le commerce lointain qui lui est réservé à titre exclusif. Elle est impuissante à faire le commerce : ses directeurs qui changent souvent, qui obtiennent leurs places par la brigue, n'apportent dans leur gestion ni l'esprit de suite, ni l'esprit d'économie indispensables dans le commerce. Ses opérations sont très restreintes ; elles gênent les particuliers qui voudraient entreprendre le commerce lointain et n'étend pas nos relations maritimes. Dans l'intérêt du public, dans l'intérêt de l'État, dans l'intérêt même des actionnaires, il vaudrait mieux lui interdire de faire le commerce et la charger seulement de la conservation de nos possessions, en lui permettant de lever un léger droit de douane à chaque comptoir pour se récupérer de ses frais. Si le privilège exclusif qu'elle possède était supprimé, ses vaisseaux pourraient être vendus aux particuliers ; Dunkerque et Marseille pourraient faire le commerce réservé au port de Lorient ; assez de particuliers se livreraient au commerce des Indes pour que celui-ci augmentât dans une large proportion.

Le mémoire de Gournay, si franc, si net, que lui-même disait : « Si l'on parlait ainsi » aux actionnaires, ce serait la première fois » qu'on leur parlerait vrai, » resta longtemps dans les cartons du contrôle général[1]. L'abbé Morellet l'en tira et le publia en 1769, quand

1. Moreau de Séchelles, par arrêt du 21 septembre 1755, avait simplement autorisé la Compagnie à emprunter 12 millions.

Maynon d'Invau lui confia le soin de combattre la Compagnie des Indes et de justifier la suppression ou au moins la suspension de son monopole. Morellet avait jugé que l'opinion de Gournay serait pour sa thèse un puissant argument[1].

La réputation de l'intendant du commerce s'était, en effet, étendue bien au delà du cercle restreint de ses relations officielles[2]. De même qu'il s'était occupé de la

1. Le Mémoire de Gournay est intitulé : *Observations sur le rapport fait à M. le Contrôleur général M. de S.* (Silhouette), le 26 juin 1755, sur *l'état de la Compagnie des Indes.*

Morellet, en le publiant, l'a fait précéder d'un avertissement où il est dit :

« La pièce qui suit est si analogue à la question qu'on
» vient de traiter que j'ai cru devoir faire plaisir à mes
» lecteurs en la rendant publique. Elle est de feu M. de
» Gournay, intendant du commerce, et a été écrite
» en 1755... L'autorité d'un magistrat éclairé, qui avait
» passé sa vie dans l'étude de l'économie politique et
» qui remplissait une place importante d'administra-
» tion, doit donner un grand poids aux principes que
» nous venons d'exposer. »

2. Le public vient de faire une perte, est-il dit dans la Correspondance de Grimm à propos de la mort de Gournay. Si le Gouvernement n'a pas suivi dans ses opérations les idées d'un homme sage, c'est un malheur qui ne nous doit pas consoler de sa perte. 18 octobre 1759.

Compagnie des Indes et du commerce du Levant, qui ne rentraient pas dans ses attributions, il avait fait des voyages sans les limiter à sa circonscription et avait laissé partout les traces et le souvenir de son passage.

Il s'était mis en route pour la première fois dans l'été de 1753, avait parcouru la Bourgogne et le Lyonnais, placés sous sa surveillance, avait ensuite visité le Dauphiné, la Provence et le Languedoc qui dépendaient de son collègue Montaran. Il s'occupa alors du commerce du Levant et revint à Paris par Lyon.

Dans cette dernière ville, il constata que les commerçants n'usaient pas de billets à ordre pour les ventes à terme ; cela pouvait faire honneur à leur probité, mais cela restreignait le crédit de la place. Gournay fit étudier la question par la Chambre de commerce[1].

Il chercha aussi, malgré l'opposition des

1. Lettre au Garde des Sceaux (4 janvier 1754), communiquée à la Chambre de commerce (12 janvier]. Envoi le 6 mars à la même Chambre d'un Mémoire remis à Gournay sur la question.

L'année suivante, empiétant encore sur les circonscriptions de ses collègues[1], il suivit le cours de la Loire, depuis Orléans jusqu'à Nantes, visita le Maine, l'Anjou, les côtes de Bretagne, depuis Nantes jusqu'à Saint-Malo et revint à Rennes pendant la tenue des États.

Les députés de Bretagne profitèrent de sa présence au milieu d'eux pour lui demander de leur indiquer les meilleures mesures à prendre pour améliorer la situation de l'industrie, du commerce et de l'agriculture dans la province.

Gournay leur recommanda de récompenser par des subsides les industriels méritants et de procurer à la population les moyens de s'instruire, mais de refuser résolument tout privilège. A son instigation, deux écoles de dessin furent fondées, l'une à Rennes, l'autre à Nantes; une autre le fut ensuite à Saint-Malo; des prix furent promis aux fabricants qui imiteraient le mieux les toiles de Hollande et à ceux qui feraient le meilleur papier; la province prit à sa charge le traitement des inspecteurs des

1. Autre circulaire du 27 septembre 1756.

manufactures, payé jusque-là par les fabricants ; une requête fut adressée au roi, à l'effet d'obtenir pour Nantes le droit réservé à Marseille de faire le commerce du Levant ; une autre fut présentée en vue de faire abroger les lois qui interdisaient aux raffineurs d'envoyer du sucre à l'étranger et dans les provinces réputées étrangères[1].

Enfin le 11 décembre 1756, les États nommèrent une « Commission de commerce » composée de six membres de chaque ordre, pour s'occuper d'autres réformes à préparer ou à solliciter. Un négociant de Nantes, Montaudoin de La Touche, proposa de constituer une Société qui, à l'instar de la Société d'agriculture de l'Irlande, s'occuperait de tout ce qui concernait l'agriculture, les arts et le commerce de la province. Gournay engagea la Commission du Commerce à adopter ce projet[2].

La Société fut bientôt créée. Elle fut divi-

1. *Corps d'observations de la Société d'agriculture de Bretagne.*
2. Le rapport de la Commission fut fait par l'abbé de Notre-Dame de Villeneuve, de Pontual, noble, et de Bémion, maire de Nantes.

sée en neuf sections, une par évêché, reliées entre elles par un bureau central séant à Rennes et dont un économiste de talent, Abeille, fut le secrétaire. Les statuts en furent arrêtés le 2 février 1757 et approuvés par le roi le 20 mars suivant.

La Société d'agriculture[1] rendit les plus grands services; elle facilita la mise en valeur des terres de la Bretagne, alors inculte sur les deux tiers de sa superficie, et contribua grandement, par la publication d'un exposé de la situation économique de la province, dû presque entièrement à la plume d'Abeille[2] et rempli de faits intéressants, à tourner les esprits du côté de la liberté industrielle.

Son exemple fut bientôt suivi; des Sociétés d'agriculture se créèrent successivement dans les diverses provinces favorisant, par les encouragements qu'elles donnaient et par les instructions qu'elles répandaient, le développement de l'art agricole.

1. Six personnes par évêché en faisaient partie sans distinction d'ordres.
2. Il renferme aussi des Mémoires de Montaudouin, dont un sur la suppression du droit d'aubaine.

Dans l'intervalle de ses tournées, Gournay agissait à Paris, signalait aux ministres les vices qu'il avait constatés, défendait les intérêts des petits artisans contre les industriels privilégiés qui savaient trouver des appuis à la cour, et provoquait la réforme d'une foule d'abus. Il faisait honneur de ses vues aux fonctionnaires qu'il avait rencontrés sur son chemin, mais poussait jusqu'à l'importunité ses efforts auprès des ministres en faveur de ceux qu'il protégait.

Il encourageait vivement aussi ses amis à faire de la propagande en faveur des idées libérales. Les privilégiés se sentant menacés, en appelèrent de leur côté au public; alors s'engagea, entre les intérêts particuliers et les défenseurs des consommateurs et des contribuables, une lutte qui fut le prélude de celle que sont encore obligés de soutenir les économistes contre le protectionnisme.

La première escarmouche date de 1755; elle eut pour prétexte une question qui paraît bien secondaire aujourd'hui, mais qui, à cette époque, avait une réelle importance, la question des indiennes.

IX

L'indienne était, au xviiie siècle, un objet de consommation presque générale : on s'en servait pour recouvrir les meubles, pour faire des rideaux, pour faire des robes ; les femmes du peuple portaient de l'indienne hiver comme été ; l'hiver, elles renforçaient la doublure. On évaluait l'importation annuelle de ce produit à 20 millions de livres : deux millions étaient réexportés en Guinée, trois millions aux Antilles ; le reste était consommé en France.

Cependant, l'entrée de l'indienne était prohibée, dans l'intérêt des étoffes nationales, et il était défendu, pour que la douane pût exercer plus facilement sa surveillance, d'imprimer et de peindre aucune toile. Il n'y avait d'exception que pour Marseille où s'imprimaient des toiles à destination du Levant.

C'est la contrebande qui alimentait le marché.

La prohibition datait de 1686[1]. Elle avait été tout d'abord si mal respectée, qu'en 1697 et en 1700, il avait fallu la rappeler et faire des exemples en opérant des saisies chez les marchands et chez les artisans soupçonnés de vendre des indiennes ou d'imprimer des toiles. De grosses amendes furent infligées aux contrevenants. Le public se passa quelque temps d'indienne et se rejeta sur la *siamoise*, étoffe mélangée de soie et de coton. Le Gouvernement interdit la fabrication de la siamoise[2]. Le public revint alors à l'indienne et la contrebande s'ingénia à le satisfaire ; elle installa à Paris des magasins d'indienne dans les lieux privilégiés où la police ne pouvait pénétrer : à l'enclos du Temple, à l'enclos Saint-Jean-de-Latran, à l'abbaye Saint-Germain-des-Prés. Un arrêt du 24 août 1706 ordonna des perquisitions dans ces asiles ; ainsi annoncées à l'avance, les perquisitions ne donnèrent rien. Le taux des amendes fut élevé ; la fabrication clandes-

1. A. C., 26 octobre 1686.
2. 1701 et 1702.

tine et la contrebande n'en continuèrent pas moins à répondre aux goûts du public. Les saisies recommencèrent et l'on ferma des fabriques ; des toiles furent alors préparées à nos portes, en Hollande, en Suisse et en Angleterre, et vinrent à Paris. Les pénalités furent aggravées ; les contrevenants furent menacés de la peine de mort ; l'usage même de l'indienne fut prohibé : les femmes pouvaient être condamnées à l'amende si elles se montraient dans la rue avec une robe d'indienne et il y en eut une de condamnée.

Toutefois les fermiers généraux chargés de poursuivre les contraventions pour usage fermèrent bientôt les yeux sur un genre de délit qui ne portait pas atteinte à leurs intérêts ; on trouva toujours à acheter de l'indienne mise en dépôt dans les lieux privilégiés, le Louvre compris. Des assureurs se chargeaient, moyennant un prix relativement modique, de couvrir tous les risques de la contrebande, de sorte que les consommateurs avaient, nonobstant les prohibitions, les perquisitions et les menaces, pour 3 livres 10 sols l'aune, une étoffe qui coûtait meilleur marché que les étoffes de laine ou de soie communes, qui durait plus longtemps et se prêtait plus facilement aux divers besoins.

La logique la plus simple prouvait qu'il était absurde de lutter contre l'entêtement raisonné du public. Vers 1750, plusieurs industriels demandèrent l'autorisation d'imprimer des étoffes françaises, en faisant observer qu'il valait mieux laisser fabriquer un produit dont toute la France se servait que d'obliger le public à l'acheter à l'étranger, par l'intermédiaire de la contrebande. Le Gouvernement donna des autorisations tacites, mais ne se prononça pas sur le principe que le bureau du commerce examina, avec sa sagesse ordinaire, c'est-à-dire avec lenteur. En 1755, il ne s'était pas encore prononcé.

Un des jeunes gens avec qui Gournay était en relations, Véron de Forbonnais, exposa la question dans une brochure[1] et conclut au maintien des prohibitions. Les arguments qu'il fit valoir méritent d'être recueillis ; les protectionnistes modernes n'ont pas trouvé mieux.

1. *Examen des avantages et des désavantages de la prohibition des toiles peintes*, Marseille, 1755.

Avant tout, disait Forbonnais, il faut conserver le travail du peuple. La tolérance de la police permet de consommer en France 15 à 16 millions d'indiennes ; c'est une perte d'au moins 20 millions pour le travail national ; en effet, le prix de l'indienne est inférieur à celui de toute autre étoffe ; si donc le public ne pouvait acheter les 16 millions d'indiennes qu'il consomme, il serait contraint d'acheter au moins 20 millions de tissus français. Le jour où l'on autoriserait l'entrée des indiennes, la perte serait bien plus considérable, puisque le prix de vente diminuerait de tous les frais de contrebande [1], c'est-à-dire de près de moitié. Les fabriques de petits lainages et celles de mélangés fermeraient ; un grand nombre d'artisans seraient sans emploi. Peut-on hésiter? Les gênes et les violences sont fâcheuses, mais quand elles sont motivées par un intérêt national, chacun doit s'y soumettre sans murmurer [2].

1. La contrebande prenait 10 à 12 o/o de la valeur des objets ; mais il fallait y ajouter 6 à 7 o/o pour assurance à la revente et d'autres frais provenant de l'intervention d'une foule d'intermédiaires.

2. Il admettait toutefois que l'autorisation d'imprimer fût accordée, avec précautions, à quelques manufactures.

Forbonnais croyait probablement son argumentation victorieuse, car il ne craignit pas d'insérer dans sa brochure une note conçue dans un esprit absolument opposé [1].

Cette note est anonyme. L'auteur expose d'abord les effets de la contrebande. C'est, dit-il, une guerre continuelle sur la frontière, avec des morts dans les deux partis, et cela, pour forcer 20 millions d'hommes à agir contre leur penchant. Quand la contrebande a pour origine le besoin d'une marchandise, nécessaire ou simplement commode, qu'on n'a point chez soi ou qu'on ne peut obtenir au même prix chez soi, il est injuste, en outre inutile, de s'y opposer. « Les rigueurs ne font point cesser les be- » soins et les plus grands risques ne force- » ront jamais les hommes à agir autrement » que conformément à leur intérêt. » On ne pourrait interdire avec efficacité l'usage des

1. « On joindra même à la suite, disait-il, quelques » observations faites sur cet examen, afin de ne rien » ôter à la force des objections ; et, comme le but est » de rechercher la vérité, ces observations seront ac- » compagnées d'une réplique. »

toiles peintes qu'en employant une portion
de la nation à surveiller l'autre. Or, « dans
» un pays tel que celui-ci, les grands trou-
» veraient tôt ou tard les moyens de se
» soustraire à la loi ; la nation, avide d'imiter
» les grands, regarderait les exceptions
» comme une distinction ; il n'y aurait que
» le plus pauvre peuple qui en serait la
» victime et qui se verrait exposé à toutes les
» violences des commis ». La Normandie est la
seule province qui s'oppose avec une certaine force à l'impression des toiles, dans la
crainte de perdre ses manufactures de mélangés. Faut-il sacrifier le Berry, le Saintonge,
le Poitou, le Velay et les provinces méditer-
ranéennes, qui pourront tirer des avantages
de la fabrication des toiles de coton et de
l'impression, à la seule Normandie ? Tout ce
que l'on pourrait faire, « à titre d'expédient »,
pour ménager les intérêts des fabricants,
serait de mettre un droit d'entrée, soit sur
les toiles blanches de l'Inde, sauf à le rendre à la sortie aux toiles imprimées, soit sur
les toiles imprimées, ou encore de lever un
impôt sur l'usage des toiles peintes.

La note était de Gournay ; il suffit de la

l'usage des toiles peintes, car elles ne pouvaient à aucun égard suppléer le drap, les merciers qui devaient eux-mêmes débiter les toiles ; les orfèvres, les épiciers, les apothicaires, les pelletiers, les bonnetiers, les libraires et les marchands de vin [1]. Peut-être, y aurait-on trouvé la finance que combattait également Gournay ?

Les écrits des partisans des restrictions et ceux des amis de la liberté se succédèrent rapidement. La question des indiennes devint une affaire d'État. Un des disciples de Gournay, Morellet, avait fait tête à l'orage et développé dans une brochure bien faite. malgré la hâte avec laquelle elle avait été rédigée, les idées contenues dans la note annexée au travail de Forbonnais [2].

Les journaux donnèrent des extraits de cette brochure [3] ; les fabricants chargèrent l'avocat Moreau, auteur d'un pamphlet antiphilosophique intitulé *Les Cacouacs*, de

1. Du Pont, *Notice abrégée*, *Éphémérides de 1769*.

2. *Réflexions sur les avantages de la libre fabrication et de l'usage des toiles peintes en France*, 1759. La brochure fut imprimée en réalité en mars 1758.

3. *Mercure* d'octobre 1758, *Journal du commerce* de février 1759 et *Journal des Savants* de juillet 1759.

défendre leurs privilèges[1] ; le chevalier de Chastellux répondit à Moreau[2] ; le Gouvernement laissa publier les avis émis par les députés du commerce sur la question, avec quatre projets d'édits différents ; un fabricant entreprit de prouver en s'appuyant sur des essais entrepris chez lui, que les manufacturiers français pourraient, quand ils le voudraient, fabriquer des toiles peintes, sans avoir à craindre ni la concurrence de nos voisins, ni celle de l'Inde[3] ; les fabricants protestèrent de nouveau ; on vit alors paraître « les observations sommaires et dernières des fabricants de Lyon, de Rouen, de Tours et des six corps de marchands de la ville de Paris[4] ».

Tous ceux dont Gournay avait froissé les intérêts s'étaient coalisés. Que disaient-ils ? Ce que la Chambre de commerce de Lyon

1. La publication de Moreau est intitulée : *Examen des effets que doivent produire dans le commerce de France l'usage et la fabrication des toiles peintes,* 1759.

2. *Mercure* de mai 1759.

3. *Réflexions sur divers objets de commerce et notamment sur les toiles peintes.*

4. *Pour servir de réponse aux Réflexions sur divers objets,* etc., 1760.

avait déjà dit à Gournay : Si l'on veut la concurrence des prix on manquera la perfection; la toile de France est de 25 0/0 plus chère que la toile des Indes ; nous sommes incapables de lutter; il faut protéger le travail national ; comme conclusion implicite, le consommateur doit supporter le poids de notre impuissance et nous assurer des bénéfices.

A ce moment, Silhouette était à la tête du contrôle général; des lettres patentes du 7 novembre 1759, confirmées en partie par un arrêt du Conseil du 19 juillet 1760, autorisèrent l'entrée et la fabrication des toiles peintes en France, en mettant toutefois des droits protecteurs à l'entrée et en faisant marquer les étoffes à l'entrée et à la sortie[1].

C'était une des solutions qu'avait indiquées Gournay, à titre d'expédient, et celle que Morellet avait prise pour conclusion de sa brochure, quoiqu'elle fût en contradiction complète avec les prémisses.

Gournay venait de mourir quand fut remportée cette petite victoire sur l'esprit de monopole. L'industrie de l'impression se

---

1. Le Gouvernement s'était déjà relâché de sa rigueur et avait toléré l'industrie de l'impression.

développa et prospéra ; puis les imprimeurs qui avaient profité de la liberté la trouvèrent à leur tour dangereuse, et réussirent en 1785 à faire interdire l'entrée des toiles peintes étrangères[1]. De pareils faits ne sont pas rares dans l'histoire du protectionnisme.

1. Exception fut faite pour les indiennes d'Alsace et pour les toiles destinées à la réexportation.

X

La finance. — La douane de Lyon ; sa réforme en 1755.
— Droits de traite ; projet de suppression. — Le
commerce de l'argent et la réduction du taux de l'intérêt. — Traduction des ouvrages de Child et de Culpeper, et commentaire de Gournay sur l'ouvrage de
Child. — Lettre à Choiseul pour la réforme des lois
ecclésiastiques sur l'usure. — Conversion des fonds
d'État. — Suppression du commentaire lors de
l'impression de la traduction. — Projet de confiscation des valeurs mobilières des Anglais ; lettre de
Gournay à ce sujet. — Déclaration à l'un de ses
amis quand il prit sa retraite.

Aux membres des corporations, aux inspecteurs des manufactures, aux détenteurs
et solliciteurs de privilèges exclusifs qui se
plaignaient de Gournay, avaient dû se join-
dre les financiers, car l'intendant du commerce s'était efforcé d'affranchir le commerce
et l'industrie des entraves qui étaient la
conséquence de l'organisation fiscale. « Il
estimait, dit Turgot, que le bureau du commerce était bien moins utile pour conduire
le commerce qui doit aller tout seul que pour

le défendre contre les entreprises de la
finance . »

Nous avons déjà dit qu'il réussit à libérer
l'industrie des soies de l'obligation de passer par la douane de Lyon. Quelques expli-
cations à ce sujet ne sont pas inutiles.

Le singulier privilège que possédait la
ville de Lyon était très ancien. Les soies ne
venaient tout d'abord que du Piémont, et
Lyon en était l'entrepôt naturel ; on avait
profité de cette circonstance pour percevoir,
dans cette ville, des droits de diverses sortes
sur les soies étrangères. La contrebande
s'organisa pour y échapper ; le Gouvernement chercha à la restreindre en décidant
que toutes les soies venues ou non de
l'étranger passeraient par Lyon.

En 1720, une réforme de ce régime fut
tentée ; tous les droits existants furent supprimés et remplacés par une taxe unique de
20 sols par livre de soie, à percevoir par
la ferme générale, non plus exclusivement à
Lyon, mais aux diverses entrées du royaume.
La ville de Lyon réclama ; elle fit valoir
qu'elle avait hypothéqué des dettes sur les
droits supprimés ; on lui concéda, pour

40 ans, la perception des droits sur les soies ; le droit sur les soies étrangères fut réduit à 14 sols, mais un droit de 3 sols 1/2 fut mis sur les soies nationales [1]. Telles étaient les dispositions encore en vigueur du temps de Gournay: il est évident qu'elles attribuaient un monopole aux fabricants lyonnais, en chargeant de frais considérables, provenant tant des droits que des frais de transport, les soies destinées à Tours et aux autres localités concurrentes de Lyon. Grâce à l'appui de Chauvelin, Gournay obtint que par un arrangement avec cette dernière ville, on revint au système tenté en 1720. Les fermiers généraux se chargeaient de percevoir les droits de douane sur les soies, aux divers bureaux d'entrée, et donnaient chaque année à la ville, une somme égale à celle que lui fournissait précédemment son fermier. La perception du droit sur les soies nationales était suspendue pour une durée indéfinie [2].

1. 1722.
2. Arrêt du 30 décembre 1755. Gournay adressa le 20 février 1756, des instructions au receveur des fermes de Tarascon, au sujet de l'application de l'arrêt.

Ce changement qui avait provoqué tout à la fois les colères des Tourangeaux et celles des Lyonnais n'eut qu'une courte durée. En 1758, la ville de Lyon mit en usage pour recouvrer le privilège que Gournay lui avait fait enlever, le moyen dont les corporations s'étaient toujours servi avec succès. Elle offrit son crédit au Gouvernement, alors pressé d'argent, pour un emprunt de 6,800,000 livres, et demanda qu'on lui rendît comme hypothèque les droits sur les soies étrangères. L'administration y consentit, et un édit de juin 1758 défit ce qui avait été fait trois ans auparavant. Plus tard, en 1772, sous le ministère de l'abbé Terray, le droit sur les soies nationales fut rétabli [1]. Les intérêts particuliers finissaient toujours sous Louis XV par l'emporter sur l'intérêt public.

Si la suppression de la douane de Lyon avait pu être obtenue par Gournay en décembre 1755, c'est qu'au mois d'octobre était expiré le bail des fermes, et qu'au moment du renouvellement il était possible d'imposer aux fermiers quelques sacrifices.

1. **Turgot,** *Rapport sur une réclamation de la Chambre de commerce de Lille.*

Dans l'esprit de Gournay, ce n'était là qu'une très petite partie des améliorations qu'il jugeait utile d'apporter à l'organisation fiscale.

Il aurait voulu, dit Turgot, voir abolir tous ces droits multiples « variables selon les provinces, qu'il fallait payer dans des bureaux sans nombre, en subissant l'importunité des visites et des recherches nécessaires pour aller au-devant des fraudes, la nécessité de s'en rapporter pour constater ces fraudes au témoignage solitaire d'hommes intéressés et d'un état avili, les contestations interminables..., enfin l'obscurité et le mystère impénétrable résultant de cette multiplicité de droits locaux et de lois publiées en différents temps..., les maux de la contrebande, la perte d'une foule de citoyens qu'elle entraîne, etc., etc., etc.[1] »

Autrement dit, Gournay aurait voulu que tout au moins les taxes perçues sur les marchandises à l'intérieur du royaume fussent supprimées et que les droits de douane fussent reportés à la frontière.

1. Turgot, *Éloge.*

Peu de temps après sa mort, en 1760, cette grosse question fut mise à l'étude par les soins de Trudaine. Sept ans furent nécessaires pour dresser un projet qu'on n'osa mettre ensuite à exécution dans la crainte de provoquer les réclamations des Provinces et celles de la Ferme générale qui évaluait le produit des droits de traite à un chiffre excessif[1]. La Révolution put seule accomplir la réforme à laquelle avait songé Gournay.

Une autre, non moins utile, avait été l'objet de ses méditations. Le 26 juillet 1752, il avait écrit à Trudaine :

« Je viens d'avoir communication d'une
» cédule du roi d'Espagne...[2] ; j'en ai fait un
» extrait que je me hâte de vous envoyer
» parce qu'un pays où les principes répan-
» dus dans cette cédule ont percé est pour
» nous un concurrent très dangereux. Nous
» avons plus que jamais intérêt de sentir
» combien nos communautés, la cherté de
» nos maîtrises et la longueur de nos ap-

1. *Mémoire à l'assemblée des notables de 1787.*
2. Du 24 juin 1752.

» prentissages donnent d'avantages à nos
» rivaux, en ôtant entre les sujets du roi
» l'égalité nécessaire au progrès des arts et
» à l'augmentation du commerce. Que serait-
» ce si par une suite de l'étude que font les
» Espagnols des bons principes, ils allaient
» nous gagner de vitesse sur la réduction
» de l'intérêt? »

Trudaine, quelque temps auparavant, avait demandé à Gournay de « donner un corps à sa doctrine ». Au lieu de faire un travail entièrement original, Gournay avait pris comme thème un petit ouvrage anglais qui avait eu chez nos voisins une grande réputation, les *Observations sur le commerce et l'intérêt*[1] de Child[2] ; il l'avait traduit et, sur la traduction, avait fait un commentaire « presque aussi long que l'ouvrage ». En 1754, il publia sa traduction, y ajouta celle d'un

---

1. *Brief observations concerning trade and the interest of money*, 1668. — La 5ᵉ édition parut en 1751 sous ce titre : « A new discours of trade. »

2. Josuah Child (1630-1699). Il avait fait comme constructeur de navires une fortune énorme ; ses descendants ont été créés comtes. Son fils était lord Castelmaine, comte de Tilnay.

autre ouvrage, le *Traité sur l'usure* de Culpeper ; quant au commentaire, il ne le fit pas
paraître. Il mit simplement en tête du livre
un avertissement où, après avoir fait remarquer que les diverses nations de l'Europe re-
cherchaient maintenant avec attention le
moyen de rendre leur commerce plus facile,
plus libre et plus florissant, il disait : « Ces
» deux écrivains (Child et Culpeper) s'étaient
» accordés à penser que le bas prix de l'inté-
» rêt de l'argent est le mobile le plus puissant
» pour exciter à la culture des terres et au
» commerce, les deux seules sources per-
» manentes de la puissance des États...
» C'est, par le bas prix de l'intérêt de l'ar-
» gent et l'économie qui en est une suite
» nécessaire, que les Hollandais sont parve-
» nus... à faire de leur pays, l'un des moins
» favorisés de la nature, le magasin général
» de l'Europe... C'est au bas prix de l'intérêt
» de l'argent, peut-être plus qu'à aucune
» autre cause, que les Anglais doivent les
» progrès étonnants qu'ils ont faits dans l'art
» de cultiver les terres, progrès tels qu'ils
» ont presque changé la face de l'Angle-
» terre en moins de soixante-dix ans, et ont

bassadeur à Rome, au mois d'avril 1755, montre que, loin de commettre à cet égard une grossière erreur économique, il avait sur la question de la liberté du commerce de l'argent une opinion entièrement conforme à ses vues générales sur l'incapacité de l'intervention de l'État dans les questions commerciales.

Voici cette lettre ; si longue qu'elle soit, elle doit être citée tout entière :

« Je profite des moments que vous voulez
» bien me donner [1] pour vous entretenir d'un
» objet que je crois digne de l'attention de la
» Cour de Rome et de l'intérêt qu'elle prend
» à la prospérité des pays catholiques.

» Il s'agirait de faire revoir, par des gens
» bien au fait du commerce, les lois et les
» constitutions relatives au prêt de l'ar-
» gent. Celles que nos casuistes ont éta-
» blies sur cette matière sont si peu ana-
» logues au temps où nous vivons, si peu
» compatibles avec le progrès de l'agricul-
» ture et du commerce, qu'elles donnent un

1. Ceci laisse supposer que Gournay était en correspondance avec Choiseul, qui n'était encore que le comte de Stainville.

» avantage sensible et continuel aux pays
» protestants sur les États catholiques, en
» sorte que les pays protestants sont toujours
» en état de nous fournir de l'argent à un
» intérêt plus bas que celui que nous pouvons
» trouver chez nous-mêmes, d'où il résulte
» que nous sommes continuellement leurs
» débiteurs, et le débiteur étant toujours dans
» la dépendance du créancier, nos terres et
» notre industrie se trouvent nécessairement
» hypothéquées aux États protestants qui nous
» ont prêté et qu'ils retiennent le plus clair
» de leur produit[1].

» La faculté que l'on a chez eux de prêter
» sur billets et sans être forcés comme chez
» nous d'aliéner le fonds, celle de prêter
» sur gage, tout cela multipliant le nombre
» des prêteurs, fait que celui qui voudrait
» exiger un prix excessif de son argent
» est contenu par un autre qui l'offre à meil-
» leur marché, en sorte que l'argent circule
» à un intérêt plus bas que dans les pays ca-
» tholiques et que l'on peut dire que, quoique

1. Ce passage et d'autres de la même lettre montrent
que Gournay ne s'était pas encore complètement débar-
rassé des théories du système mercantile.

» l'usure ne soit pas défendue chez eux, la
» multitude des prêteurs la rend imprati-
» cable [1], au lieu que, quoiqu'elle soit très
» sévèrement prohibée par toutes nos lois,
» tant ecclésiastiques que séculières, elle
» est très commune par la rareté des prê-
» teurs. Les gens scrupuleux ne veulent prê-
» ter que sur l'aliénation du fonds, ce qui
» fait que ceux qui ne le sont pas, trouvant
» peu de concurrents, sont maîtres des con-
» ditions et imposent les lois les plus dures
» à leurs débiteurs.

» Ce mal est encore infiniment plus sensible
» dans nos provinces que dans la capitale ;
» d'où il s'ensuit que nos terres sont bien
» moins cultivées que celles des protestants,
» que notre commerce est infiniment plus
» resserré et moins avantageux que le leur,
» le bas prix de leur intérêt les mettant en
» état de gagner là où nous perdons et
» qu'enfin nous nous affaiblissons, et nous
» appauvrissons continuellement vis-à-vis
» d'eux. Les pays qui sont en état de prêter
» aux autres attirent d'abord l'argent, ensuite

1. Le mot est évidemment exagéré ; il aurait fallu dire, plus rare.

» le peuple des pays auxquels ils prêtent. Ce
» mal ne vient sans doute que de ce que nos
» casuistes n'ont point connu la nature du
» commerce et la liaison qu'il y a nécessai-
» rement entre la culture des terres, l'aug-
» mentation du peuple et le prix de l'intérêt
» de l'argent qui ne saurait être aussi bas que
» dans les pays où les facilités pour prêter
» sont extrêmement multipliées. S'ils avaient
» connu cette liaison, ils se seraient sans
» doute attachés à rendre le prêt aussi facile
» qu'ils l'ont rendu difficile par les conditions
» qu'ils y ont mises.

» Personne ne peut mieux que vous con-
» naître le préjudice qui en résulte à tous
» les pays catholiques. Quelle circonstance
» peut jamais être plus favorable pour y re-
» médier que le règne du souverain pontife
» qui gouverne aujourd'hui si heureusement
» l'Église ! »

Le trône pontifical était encore occupé par
Benoît XIV, qui a laissé la réputation d'un
souverain très éclairé. Aurait-il pu, en admet-
tant qu'il l'eût voulu, réformer la vieille jurisprudence de la Cour de Rome ? Il est permis
d'en douter. La lettre de Gournay n'en est

pas moins curieuse. Elle a précédé de dix ans le Mémoire de Turgot sur les prêts d'argent ; elle prouve, malgré les erreurs de détail qu'elle contient[1], que son auteur, loin de songer à faire intervenir l'autorité dans le commerce de l'argent voulait au contraire l'affranchir de toute entrave.

En demandant, après Child et Culpeper, la baisse du taux de l'intérêt, qu'avait-il donc en vue ? Une réduction du taux légal n'aurait pas été justifiée par les faits du moment : le maximum était alors de 5 0/0, mais les prêts commerciaux se faisaient presque tous à 6 0/0[2]. L'explication de la pensée de Gournay se trouve dans les écrits de ses amis, Dangeul, Clicquot-Bervache et Turgot, et aussi dans ce fait qu'au moment de la publication de son livre, le renouvellement du bail de la ferme était proche.

1. Outre que Gournay croyait encore, dans une certaine mesure, au système mercantile, il confondait l'action économique de l'abondance des capitaux avec celle du bas prix de l'intérêt, ce qui n'est pas la même chose.

2. *Encyclopédie, Intérêt.* L'édit de 1665 qui avait réduit le taux de l'intérêt, du denier 18 au denier 20, était toujours en vigueur.

Les services de la finance coûtaient très cher à l'État. Le banquier de la cour, chargé de la négociation des assignations ou créances sur les revenus futurs et de la fourniture des matières d'or et d'argent pour la fabrication des monnaies, recevait des remises dont, en 1776, le montant fut évalué à dix millions. Les fermiers généraux, qui avaient à subir les exigences des gens de cour, lors du renouvellement des baux, et à leur distribuer des croupes, se récupéraient en prélevant sur les avances qu'ils faisaient chaque année au Trésor des intérêts qui étaient de 10 0/0, quelquefois plus, non compris une forte majoration pour frais généraux. Enfin, du papier d'État, émis à des dates diverses, circulait à un prix élevé; on le capitalisait à 4 1/2 0/0 ou à 4 0/0, alors que l'intérêt réel dépassait largement ce chiffre et sans que le Gouvernement songeât à se libérer vis-à-vis de ses prêteurs.

Il était clair pourtant qu'en payant plus qu'ils ne valaient les fonds qu'il empruntait chaque année et en continuant à servir des intérêts trop élevés aux rentiers, il imposait des charges inutiles aux contribuables ; la hausse des fonds publics, qui était le corollaire des émissions à bas prix, l'engageait en outre à multiplier les emprunts, de sorte qu'il attirait sur les papiers d'État, par l'attrait d'un gros intérêt et de plus-values presque certaines, des capitaux qui auraient pu trouver ailleurs un emploi plus utile.

C'est une réduction du taux des remises de la finance et une conversion de la dette publique que paraît avoir voulu conseiller Gournay. Ainsi que le dit Turgot, il estimait que le commerce de l'argent est un commerce comme un autre qui ne peut être réglé que par la concurrence et la liberté ; il pensait que le Gouvernement peut exercer une influence utile sur le taux de l'intérêt, non en faisant des lois pour les cas où les conventions privées suffisent, mais en évitant de grossir le nombre des demandeurs de capitaux par des emprunts, et en soutenant le crédit public par son exactitude dans les paiements[1]. Il avait trouvé des indi-

1. Turgot, *Éloge*.

cations à ce sujet dans les deux auteurs qui lui étaient le plus familiers, Child et Jean de Witt.

En 1715, d'après les conseils de Child, l'Angleterre avait fait une conversion de sa dette ; elle en avait fait une autre en 1719 ; une troisième en 1749. Jean de Witt, pendant qu'il avait dirigé les affaires de la Hollande, avait aussi réduit l'intérêt des fonds de l'État ; il avait procédé à une révision des pensions et avait ramené au denier 25 les annuités du denier 20, tout en laissant aux rentiers un droit d'option entre le remboursement de leur créance et la conversion. Il avait, comme il le disait, « fait ainsi gagner à la Hollande plus de considération en dedans et au dehors ».

Il est présumable que l'Espagne s'apprêtait par quelque mesure à imiter les exemples donnés à l'Europe par la Hollande et par l'Angleterre.

La France était-elle, en 1754, dans une situation assez florissante pour tenter aussi de réduire le taux d'intérêt de ses emprunts ? Il serait imprudent de l'affirmer quoique l'argent fût abondant, que les papiers publics

fussent à un taux élevé et que la paix à l'intérieur et à l'extérieur parût assurée. En tous
cas, le conseil que donnait Gournay, en publiant la traduction d'un livre qui avait ouvert les yeux de nos voisins sur une question importante pour les contribuables et
pour le crédit public, n'était pas sans utilité,
même pour le présent, car s'il n'était pas
possible de convertir les rentes, on pouvait du
moins limiter les gains des fermiers généraux
au moment prochain du renouvellement de
leur bail et aussi ceux du banquier de la
cour.

Les contrôleurs généraux du temps paraissent s'être inspirés de ces idées. Moreau de
Séchelles obtint de la ferme qu'elle ferait à
l'État une avance de 60 millions au taux
réduit de quatre pour cent, tout en augmentant de sept millions la somme à payer
annuellement au roi. Silhouette, à son tour,
remit en vigueur les ordonnances qui interdisaient les diversions de deniers publics et
les présents, dons, associations, promesses,
inductions dans les baux de l'État ; il cassa
le bail des fermes et réduisit à cinq pour
cent l'intérêt des avances. Mais alors le

Trésor était vide, le crédit avait été abaissé par la guerre ; la mesure était violente et devenue inopportune.

Les vues de Gournay, telles que nous les révèlent ses lettres, doivent nous faire vivement regretter la perte de son commentaire sur le livre de Child [1].

L'intérêt de l'argent était le premier chapitre de l'ouvrage anglais ; puis venaient le *soulagement et l'emploi des pauvres*, les *communautés de marchands*, l'*acte de navigation*, le *transport des dettes*, la *juridiction marchande*, les *étrangers*, les *laines*, la *balance du commerce*, les *colonies*. Dans une lettre adressée à Trudaine et que nous avons déjà citée, Gournay annonçait, le 25 septembre 1752, qu'il avait achevé son commentaire sur le 8ᵉ chapitre, celui des laines. « Je vais, ajoutait-il, finir à ma campagne » les deux chapitres qui me restent à tra-

---

1. Ce commentaire se trouvait entre les mains de Morellet, après la mort de Gournay. Voici, en effet, ce qu'on lit dans le *Prospectus du Dictionnaire du Commerce* : A la traduction de Child, « il avait joint des « notes très considérables qui n'ont point été imprimées « et dont nous avons l'original ». Il n'est donc pas impossible que ce document soit quelque jour retrouvé.

» duire de M. Child, ceux qui regardent la
» balance du commerce et les colonies et
» qui ne sont pas les moins importants
» de l'ouvrage. » Il avait donc très probablement, à la fin de 1752, achevé de traduire
et de discuter tout l'ouvrage et, par consé-
quent, traité presque tous les problèmes
économiques qui pouvaient se poser de son
temps.

Des raisons, dont parle Turgot sans s'expliquer, s'opposèrent à l'impression du commentaire. Mais la correspondance de Grimm
dévoile en partie ce qu'a caché Turgot. Voici
ce qu'on y trouve :

« On dit que M. de Gournay y avait joint
d'excellentes notes, mais que M. de Machault
n'avait pas jugé à propos qu'on les imprimât »
15 août 1754). — « Il n'a pas dépendu de
M. de Gournay de rendre cet ouvrage encore
plus intéressant par les notes qu'il y avait
ajoutées et que le Gouvernement a jugé à
propos de supprimer » (15 mars 1755).

Ainsi, c'est Machault qui nous a valu la
perte du commentaire de Gournay. Aux prises
avec de grosses difficultés politiques, le
contrôleur général craignait-il les corpora-

tions et leur soutien, les gens de lois ? croyait-il le moment peu favorable à une réduction du taux de l'intérêt ? voulait-il ménager les financiers ? obéissait-il à ses instincts réglementaires que froissait la hardiesse des opinions de l'intendant ? Toutes les conjectures sont permises.

Mais le commentaire avait été annoncé, et était en quelque sorte attendu du public, car Gournay, dans son avertissement, semble vouloir en expliquer l'absence.

Après avoir loué le Gouvernement anglais d'avoir suivi les principes de Child, d'avoir tenté, sans toutefois y réussir, de donner des facilités à la naturalisation des étrangers, et une plus grande liberté à l'industrie, il le félicite de s'être écarté des opinions de l'auteur anglais en autorisant la pêche sédentaire à Terre-Neuve, et d'avoir ainsi favorisé la création dans le Nouveau-Monde d'une marine portant le pavillon de l'Angleterre.

« Ce système, ajoute-t-il, étant opposé à
» celui de Child, l'effet qui en a résulté pour-
» rait faire la matière des réflexions de
» quelques personnes habiles et bien inten-

1ᵉʳ octobre 1757, à Bernis et au contrôleur
général Boulongne, et dont voici le texte :

« Une personne en qui je crois devoir avoir
» confiance m'est venue trouver, il y a quel-
» ques jours, pour m'informer qu'il y avait
» un projet sur le tapis pour obliger tous les
» banquiers et négociants du royaume, de
» déclarer les fonds et autres effets qu'ils
» ont entre les mains, appartenant aux An-
» glais, afin de les confisquer au profit du
» roi. Cette idée me parait si contraire à la
» bonne foi et aux usages établis entre les
» nations policées, que je ne crus pas devoir
» en faire cas. Mais la personne qui m'a
» donné cet avis m'a assuré si positivement
» qu'elle avait vu le projet de Déclaration,
» ayant été même jusqu'à me dire le nom du
» commissaire du Conseil qui doit être chargé
» de l'exécution, que je me suis cru obligé de
» vous en faire part, persuadé que, s'il était
» vrai qu'il fût question d'un pareil projet,
» vous voudriez bien employer votre autorité
» pour le faire rejeter, comme tendant à
» discréditer le Gouvernement dans les pays
» étrangers, à autoriser ces mêmes étrangers
» à user de représailles envers nous, et à

» interrompre pour jamais la confiance des
» nations avec lesquelles nous commerçons,
» sans pouvoir espérer de la rétablir, même
» après la paix.

» On a tenté deux fois le même projet en
» Espagne, l'un contre les Français lors du
» retour de l'infant, l'autre contre les An-
» glais, pendant la guerre qui a précédé la
» paix d'Aix-la-Chapelle. Ces deux tentatives
» ne firent que manifester à toute l'Europe
» la bonne foi des négociants espagnols, et
» les auteurs du projet n'eurent que la honte
» de l'avoir tenté en vain, et il ne faut pas
» douter que l'on ne trouve dans nos négo-
» ciants la même constance et la même fidélité.

» Je souhaite, je me flatte même encore,
» que l'avis que l'on m'a donné se trouvera
» faux ; aussi, dans tout autre temps, j'aurais
» hésité à vous faire part d'un projet que je
» regarde comme si peu fait pour être adopté.
» Mais il s'est passé, depuis peu, des choses
» si contraires au bien du commerce, à ses
» vrais principes et à l'utilité publique qui
» en doit toujours faire l'objet, que j'ai cru
» ne devoir pas balancer à vous rendre
» compte de ce que j'ai appris sur celle-ci

» et que le motif qui me fait agir me servi-
» rait d'excuse, soit que j'aie été bien ou mal
» instruit. »

Cette lettre jette un jour peu favorable sur
la façon dont certains magistrats du XVIIIe
siècle entendaient appliquer le droit d'aubaine ; elle achève de faire connaître le caractère de Gournay. Elle laisse aussi supposer
que, dès l'année 1757, ses fonctions administratives ne lui inspiraient plus le même atta-
chement que précédemment. Au bureau du
commerce, en 1757 et en 1758, on le voit faire
des rapports sur des questions de mines
et de dessèchement de marais, probablement
en remplacement de Trudaine. Il ne touche
plus aux problèmes qu'il avait auparavant
soulevés et se borne à employer ce qui lui
reste d'influence à défendre les étrangers
contre les violences d'un faux patriotisme.

De même qu'il s'oppose à la confiscation
des biens des Anglais, il réclame la liberté
pour les vaisseaux neutres dans les colonies.
« Aucun propriétaire de nos îles, dit Turgot,
n'a réclamé cette liberté avec autant de zèle
que lui. »

Quelque temps auparavant, son illustre

disciple avait, dans l'*Encyclopédie*, rendu hommage « au magistrat citoyen auquel la France devait la destruction des obstacles que l'on avait mis au progrès du commerce en voulant le favoriser [1] ». Il se passait maintenant trop de choses contraires au bien du commerce, à ses vrais principes et à l'utilité publique, pour que le magistrat citoyen pût conserver quelque illusion sur le rôle qu'il pourrait encore jouer s'il restait dans l'administration.

« Le but que je m'étais proposé est atteint, dit-il à l'un de ses amis ; c'était de pouvoir exposer librement ce que je pense sur le commerce ; je l'ai fait pendant sept ans. Si les principes que j'ai cherché à établir sont bons, j'espère qu'ils se soutiendront d'eux-mêmes ; s'ils étaient mauvais, je serais fâché d'en retarder la chute [2]. »

L'alternative était trop modeste ; les principes se sont soutenus. Ils se soutiennent encore.

1. *Foires et marchés.*
2. *Journal du Commerce,* avril 1761.

XI

Système de Gournay : opinions de Turgot et de Malesherbes. — Origines du système ; Child et Jean de Witt. — Lois naturelles ; liberté du travail et du commerce intérieur ; son influence sur les débouchés ; effets moraux de la concurrence ; intérêts des classes inférieures ; protection à tous ; droits de l'individu ; *Laissez faire, laisser passer*. — Explication de cette formule par Turgot, Quesnay, le marquis de Mirabeau, d'Albon, La Rivière. — Relations entre Gournay et Quesnay. — Points de contact et divergences entre les deux économistes : le libre-échange, la liberté du commerce de l'argent, la productivité de l'industrie.

Ce qui frappe tout d'abord dans les pages que nous avons de Gournay, c'est la simplicité. L'auteur n'a point de prétentions à la science : il expose, en les développant à peine, des idées qui lui sont habituelles et où il ne voit que l'expression du bon sens. Mais en rapprochant ces pages, en les comparant avec les écrits que Gournay a inspirés, on constate facilement que les idées qu'elles renferment ont entre elles des liens étroits et forment un système.

Turgot, habitué à examiner les choses en philosophe, ne s'est point trompé sur la portée des vues de son maître. Il en a éloquemment montré l'enchaînement.

Un grand homme de bien, Malesherbes, a été, au contraire, dupe de la modestie de Gournay, et a cru que l'intendant du commerce n'avait fait que réclamer l'application de principes « sur lesquels nombre de citoyens s'expliquaient tous les jours en société ».

« M. de Gournay, dit-il, fut le premier qui les soutint dans le Conseil contre les autres administrateurs, et il était bien éloigné de les donner comme un système de son invention. »

Malesherbes se faisait illusion. Gournay avait un système, et, des documents que nous avons cités, résulte que ce système était constitué, au moins dans ses grandes lignes, avant que son inventeur ait occupé les fonctions d'intendant.

Fils de négociant, négociant lui-même, ayant fait un grand commerce, ayant eu des relations avec les plus grands commerçants de l'Europe, Gournay avait recueilli beaucoup de faits, mais il ne s'était pas contenté de

les examiner superficiellement et subjecti-
vement au point de vue de ses intérêts personnels ; ses lectures, ses habitudes de
réflexion lui avaient permis de les générali-
ser. « M. de Gournay, » dit Morellet, à une
époque où il faisait encore l'éloge d'autrui,
« parlait des matières économiques avec la
plus grande profondeur et la plus grande
clarté, et sa conversation sur ces objets était
aussi piquante et aussi agréable par la forme
qu'intéressante par le fond[1]. » Il avait passé
sa vie dans l'étude de l'économie politique,
dit-il ailleurs[2].

Et en effet, c'est bien l'économie politique
que Gournay avait étudiée tout en se livrant
à la pratique du commerce.

Dès son entrée dans l'administration, en
1751, il défend les principes qu'il a su déga-
ger ; dès l'année 1752, il fait pour Trudaine
son commentaire sur l'ouvrage de Child. Ni
à ce moment, ni plus tard, il ne se donne
comme un inventeur ; il est exempt de vanité
et, quand il écrit, il se met au niveau de l'in-

1. *Mémoire sur la situation actuelle de la Compagnie des Indes :* Avertissement.
2. *Prospectus du Dictionnaire du Commerce.*

telligence ou des connaissances de ses lecteurs, mais ses opinions sont bien à lui.

Sans doute, un inventeur ne crée rien
de toutes pièces : il perfectionne les travaux de ses devanciers ; Gournay avait donc
emprunté à d'autres. Il avait surtout puisé dans
l'ouvrage de Child et dans les mémoires de
Jean de Witt. C'est ce que disent ses amis,
et probablement ce qu'il disait lui-même.

« Les ouvrages qu'il lut avec le plus de
plaisir et dont il goûta le plus la doctrine,
rapporte Turgot, furent les traités du fameux Josias Child, et les mémoires du
grand pensionnaire Jean de Witt. » —
« C'est à l'école de Jean de Witt et de Child,
affirme un autre auteur dans la *Gazette du
Commerce* de 1766, que feu M. de Gournay
s'était fait des principes qu'il réduisait à celui-
ci : Dans le commerce, abandonné à lui-
même, il n'est pas possible que l'intérêt
particulier ne concoure pas avec l'intérêt
général ; le Gouvernement ne doit donc
s'en mêler que pour lui donner au besoin
sa protection et ses secours. »

En Hollande, le grand pensionnaire avait
été le promoteur de la liberté de l'indus-

trie. Il est risible, avait-il dit, de vouloir contraindre les étrangers d'acheter telles marchandises et faites de la manière qu'il nous plaît, ou de supposer que d'autres ne feront pas les marchandises que nous défendons. Le commerce veut être libre. Chaque marchand achète les choses qu'il trouve bon d'acheter et il est naturel que les ouvriers les fabriquent de la manière qu'ils jugent la meilleure pour les mieux débiter.

Ayant à soutenir des guerres ruineuses, à rendre des finances à son pays, à lui permettre de lutter contre la prépondérance commerciale de l'Angleterre, Jean de Witt avait eu confiance dans l'énergie de ses compatriotes et avait rompu quelques-unes des lisières placées par l'esprit réglementaire.

En Angleterre, Child, avait combattu les règlements industriels et le droit d'aubaine ; il avait soutenu qu'une nation a plus d'intérêt à attirer les étrangers chez elle qu'à les repousser, et qu'elle n'a pas à craindre la trop grande affluence des bras, attendu qu'il n'y a jamais plus de bras qu'on en peut occuper. Homme d'affaires consommé [1], il avait fait profiter son pays, dans les questions financières, de l'expérience qu'il avait acquise dans la pratique journalière du commerce maritime. Il avait enfin indiqué un des premiers que les faits économiques ont d'autres règles que les lois positives. Un de ses compatriotes, le chevalier Petty, avait pris pour devise : *Res nolunt male administrari;* Child avait dit : « Les choses résistent quand on veut les conduire contre la nature. »

Mais ni Jean de Witt, ni Child n'avaient poussé bien loin les conséquences de leurs justes observations et, dans leur langage souvent obscur, on distingue avec peine la vérité de l'erreur [2].

En France aussi, quelques personnes avaient avancé des opinions exactes sur plusieurs points. Montesquieu venait d'ouvrir aux recherches sociales une voie nouvelle, et nombre de citoyens, au milieu du XVIIIe siècle, commençaient, comme le dit Malesher-

1. Il avait fait de grandes opérations et amassé une très grosse fortune.
2. Même dans la traduction de Gournay, pourtant bien écrite.

bes, à trouver détestable la méthode suivie par l'administration, — d'Argenson, par exemple, — mais s'ils aspiraient à un nouvel état de choses et à une extension des droits individuels, ils n'appuyaient pas leur sentiment sur des considérations théoriques.

Gournay dut quelque chose aux uns et aux autres[1] ; son œuvre n'en est pas moins très personnelle.

Il constate que les faits commerciaux sont soumis à des lois « qui sont de même pour tout l'univers », c'est-à-dire qu'il voit que ces faits dérivent de la nature de l'homme et de la faculté qui appartient à chacun de nous de vouloir agir selon son intérêt.

Gournay pénètre les secrets de la concurrence et détermine les effets économiques et moraux de cette force féconde. Il voit qu'elle devient la maîtresse du monde, et que, sous son influence, le régime militaire va disparaître pour faire place au régime industriel. « Tant que les nations n'ont été que guerrières, on a protégé les guerriers ; il faut maintenant protéger le travail. Et com-

1. Nous avons déjà fait remarquer qu'il ne paraît pas avoir eu de relations avec d'Argenson.

ment ? En l'honorant, en lui donnant la protection à laquelle il a droit, et surtout en le soumettant au puissant aiguillon de la concurrence. »

« Le bon marché, fait dire Gournay à Clicquot-Bervache, est l'arme la plus formidable avec laquelle on puisse combattre les effets de nos rivaux ; le consommateur ne résiste pas à cet attrait. S'il est utile à un État de faire du parfait, il ne lui est pas moins avantageux de faire du médiocre, du mauvais même, pourvu que le bas prix invite et détermine la consommation. Si une marchandise est trop chère..., c'est la plus mauvaise que l'État puisse fabriquer ; si au contraire, la modicité des prix relativement à sa qualité procure un grand débouché, c'est la plus utile et la plus parfaite que l'État puisse faire. Il faut donc laisser agir la consommation ; l'utilité personnelle qui ne ferme jamais les yeux sur ses véritables intérêts guidera, sans le secours de l'autorité, vers l'objet qui procure une vente plus prompte et plus facile. »

Ainsi, la liberté ouvre les débouchés, tandis que la réglementation, en empêchant les

beaucoup de marchandises, qu'on fait un grand commerce. Qu'importe, répond Gournay, si ce commerce n'est grand que pour un instant, et par des causes qui gênent le commerce et tendent à le diminuer dans tout autre temps. « Faut-il donc jeûner toute l'an-
» née pour faire bonne chère à certains jours ?
» En Hollande, il n'y a point de foires, mais
» toute l'étendue de l'État et toute l'année
» ne forment pour ainsi dire qu'une foire con-
» tinuelle, parce que le commerce y est tou-
» jours et partout également florissant[1]. »

Et à ceux qui signalent complaisamment les abus de la concurrence, il dit que la cupidité individuelle a, dans la concurrence même, un frein naturel, autrement efficace que les mesures préventives, dangereuses pour le public, parce qu'inappliquées et inapplicables, elles lui donnent une fausse garantie, immorales en ce qu'elles incitent les producteurs et les commerçants à tourner la loi. Remarquant enfin qu'il n'y a pas de commerce sans

1. Cité par Turgot, *Encyclopédie, Foires et marchés*. Gournay disait aussi : « Les foires ne sont pas le thermomètre de notre commerce... elles pourront aller tous les jours en diminuant quoique notre commerce aille en augmentant. » 28 janvier 1756, *lettre à Saint-Priest*.

crédit, de crédit sans confiance et de confiance
sans bonne foi, il en conclut que les commerçants ne peuvent longtemps se tromper
entre eux, ni tromper leurs clients, sans se
frapper eux-mêmes, et met ainsi en relief
l'influence morale de la lutte des intérêts.

« Si Dieu m'avait confié la pâte dont il a
» formé les négociants français, écrit-il à
» Trudaine, je n'aurais pas voulu les faire au-
» trement qu'ils ne sont, mais en leur laissant
» toute liberté de se livrer à leur génie, à
» leur industrie. Et pour ce qu'on appelle
» leur avidité, je me serais uniquement oc-
» cupé de leur susciter dans la nation même
» le plus grand nombre de concurrents pos-
» sibles. Et dès lors, j'aurais cru avoir atta-
» ché pour jamais au royaume de France un
» commerce immense qui se reproduirait
» sans cesse et qu'aucune nation ne pourrait
» lui enlever [1]. »

Et en effet, l'acheteur choisit toujours
entre les vendeurs celui qui lui donne au meilleur marché la marchandise la plus conforme à ses goûts ; le vendeur cherche à
attirer à soi la clientèle ; s'il la trompe, elle

1. 10 avril 1754.

s'éloigne de lui. C'est quand le nombre des concurrents est limité, qu'il fait la loi à l'acheteur et veut lui donner de mauvaises marchandises à haut prix. C'est de même quand le nombre des acheteurs est réduit par des obstacles artificiels, ainsi qu'il arrivait pour les grains dont l'exportation était interdite, que les vendeurs se font une concurrence ruineuse et renoncent à produire. Gournay demandait donc la liberté du commerce des grains en vertu des principes qui le conduisaient à réclamer la suppression des règlements et des corporations, des privilèges industriels et aussi des lois sur l'usure.

« L'État s'enrichit quand tout le monde y est occupé. En procurant des occupations à un grand nombre d'hommes, on fait le bien de l'État, » disait-il encore. Ces phrases et d'autres analogues se trouvent constamment sous sa plume. Le sens en est clair : les monopoles n'ont pas seulement pour résultat de permettre à quelques-uns de lever une rente[1] sur le public ; ils écartent

1. C'est le mot dont se sont servi Gournay et Clicquot-Bervache.

des travaux protégés tous ceux qui voudraient
ou pourraient s'en mêler ; ils empêchent que
leurs activités ne soient utilisées ; ils sont
des obstacles au travail de la nation et au développement de sa richesse. « Le plus grand
de tous les abus est d'éloigner les hommes
de l'occupation. Les gênes resserrent nécessairement le travail du peuple. »

L'influence que Gournay attribuait à cet
égard à la liberté du travail mérite l'attention.
Pour bien comprendre quelle était sa pensée,
il faut songer à l'état dans lequel étaient encore
les classes inférieures et surtout la population agricole au milieu du xviiie siècle. Les
journaliers qui formaient la majorité du peuple des campagnes et qui, ne possédant que
leurs bras, se disputaient un maigre salaire,
tombaient dans le dénument quand le prix
du blé s'élevait et surtout quand venait la
disette. Le prix du travail, bien loin de
suivre les variations du prix des subsistances, diminuait dans les années de grande
cherté, faute de ressources entre les mains
des employeurs pour pouvoir le payer. Les
journaliers allaient alors dans les villes solliciter des secours souvent insuffisants et tou-

jours incertains. Les petits métayers et les petits propriétaires n'étaient guère dans une situation moins exempte de risques. Partout les mendiants pullulaient. L'excès des bras, cause principale de la misère agricole, était en outre un obstacle aux progrès de l'agriculture, car elle empêchait de comprendre l'utilité de l'emploi des capitaux ; on faisait produire la terre avec du travail immédiat au lieu d'y employer du travail accumulé. D'où venait cet excès ? en grande partie des privilèges des gens de métiers. Quoiqu'il n'y eût plus qu'exceptionnellement de serfs de droit, le paysan restait de fait attaché à la glèbe, puisque le régime corporatif limitait le nombre des professionnels dans l'industrie et en fermait l'entrée aux nouveaux venus. L'action répulsive des privilèges des gens de métiers, action qui différencie profondément l'état social de notre temps de l'état social de l'ancien régime, avait été constatée par Gournay. Elle est signalée dans le Mémoire signé : De l'Isle. « Une grande partie du peuple n'est pas en état d'obtenir la permission de n'être pas oisif et vagabond... De là, le grand nombre de mendiants qui, rebutés des difficultés qu'on oppose au besoin où ils sont de travailler, préfèrent la fainéantise et errent en demandant un pain qu'on ne leur permet pas de gagner. »

Gournay ne considérait donc pas les faits économiques uniquement en commerçant qui pense à ouvrir des débouchés à l'industrie de son pays et à affranchir les consommateurs des tributs prélevés par les bourgeois privilégiés, « il était, comme le dit Turgot, occupé de la prospérité, de la gloire de sa patrie et aussi du bonheur de l'humanité... Cette humanité était un des motifs qui l'attachaient le plus à ce que l'on appelait son système ; ce qu'il reprochait le plus vivement aux principes qu'il attaquait, c'était de favoriser toujours la partie riche et oisive de la société au préjudice de la partie pauvre et laborieuse[1] ».

Une telle préoccupation était chose neuve.

1. Morellet dit de même : Dans la conversation de Gournay, on voyait à découvert l'amour de la vérité, de la liberté et de l'humanité qui faisaient les principaux traits de son caractère. *Prospectus du Dictionnaire du Commerce.*

De son temps, on avait osé avancer que le paysan devait être pauvre pour consentir à se livrer
au rude travail de la terre, et un homme d'État,
Machault, n'avait pas craint de dire que, si
les métiers étaient ouverts à tous, l'agriculture serait délaissée[1]. D'autres, enfin, soutenaient que le Gouvernement devait, à l'aide
des lois sur les grains, maintenir les salaires
à bas prix, afin que l'industrie nationale eût les
moyens de lutter contre l'industrie étrangère.

Dès cette époque, se marquait la différence
des points de vue auxquels se placent les
économistes et leurs adversaires ; les premiers défendant les intérêts de tous, les autres ne craignant pas de se servir de la puissance publique pour opprimer telle ou telle
partie du peuple au profit de celle qu'ils veulent protéger.

Gournay voulait que la loi ne pût pas servir à favoriser des intérêts particuliers en
limitant le travail : « L'office de la loi ne
devrait pas être de fixer le nombre des ouvriers, sa fonction devrait avoir un but tout
opposé[2]. » Il demandait donc que le sol fran-

1. Marion, *Machault d'Arnouville*.
2. *Considérations sur le commerce*.

çais fût ouvert aux étrangers ; « Le nombre des ouvriers peut quelquefois être trop petit, mais il ne peut jamais être trop grand et ne l'est jamais, en effet, parce que la consommation le réduit toujours dans la juste proportion du besoin. » Si ce besoin augmente, « la loi enlève à l'État le moyen d'occuper plus d'hommes » et arrête conséquemment le développement de l'industrie. Or, ce développement n'a pas de limites ; la consommation peut s'accroître sans cesse. « Il y a plus d'habitants à habiller dans le monde qu'il n'y a de mains dans le Languedoc pour fabriquer[1]. »

Cette réflexion explique bien le système de Gournay. L'intendant du commerce envisageait les lois économiques dans leurs effets généraux sans porter uniquement les regards sur les circonstances qui peuvent amener une surabondance passagère de la production ; il ne s'avisait pas de croire que l'activité humaine peut avoir des bornes alors que les besoins de l'humanité n'en ont point, et que la production intelligente peut jamais manquer de consommateurs. La conclusion

1. Lettre déjà citée.

était dès lors facile à tirer : Les gouvernants n'ont ni à restreindre un genre de production, ni à en favoriser un autre; incapables d'apprécier la variété des besoins des consommateurs et d'en mesurer l'immensité, ils sont également incapables de déterminer les moyens d'y satisfaire. Ils n'ont qu'une règle à suivre : donner la même liberté et la même protection à tous les citoyens. Sinon, ils provoquent la confection de produits qui n'ont qu'une valeur fictive, et dont la valeur réelle ne couvre pas les frais de production.

Un industriel du nom de Legendre avait dit autrefois à Colbert : « *Laissez-nous faire.* » Gournay disait : « *Laissez faire, laissez passer.* »

Il n'avait pas avancé au hasard cette formule désormais inséparable de son nom.

Si l'on en doutait, on n'aurait qu'à se reporter à l'explication qu'en a donnée Turgot, du vivant de Gournay, dans l'*Encyclopédie,* à l'article *Fondations :*

« Les hommes sont-ils puissamment intéressés au bien que vous voulez leur procurer, laissez-les faire ! Voilà le grand, l'unique principe. » Et plus loin : « Les citoyens ont des droits, et des droits sacrés pour le corps même de la société : ils existent indépendamment d'elle ; ils en sont les éléments nécessaires. »

En d'autres termes, l'individu, compté jusque-là pour rien, est l'élément social. Seul juge sensé de ses intérêts, il trouvera mieux que qui que ce soit, s'il est maître de sa personne et de ses forces, la route qui conduit à son bien particulier, et cette route est précisément celle du bien général.

En quelle circonstance, Gournay s'est-il servi de sa formule ? nous l'ignorons. M. Oncken, qui a fait des recherches avant nous, n'a pas été plus heureux. Nous n'avons trouvé la formule de Gournay, ni dans ses écrits, ni même dans ceux de ses disciples. Turgot, on vient de le voir, a dit simplement dans l'*Encyclopédie* : Laissez-les faire. Dans l'*Éloge*, il s'est borné à rééditer le mot de Legendre dont d'autres avant Gournay s'étaient servi. Ce qui caractérise la formule de ce dernier, c'est l'addition au *Laissez faire,* du *Laissez passer*. Fait curieux ! cette addition ne nous a été transmise que par Quesnay et par ses disciples.

Dans une réponse aux critiques de Forbonnais, le docteur s'adressant à Baudeau, rédacteur des *Éphémérides* [1], lui a dit : « Vous ne connaissez qu'une seule règle du commerce, c'est pour me servir de vos propres termes [2], de *Laissez faire* et de *laissez passer* tous les acheteurs et vendeurs quelconques.»

Après Quesnay, le marquis de Mirabeau, dans un des interminables articles à style déclamatoire dont il encombrait les *Ephémérides*, a le premier mis le *Laissez faire, laissez passer*, dans la bouche de Gournay. Le marquis signalait les efforts faits par les économistes pour dissiper les préjugés. «Bientôt, dit-il, quelques rayons favorables commencèrent à percer. Un homme dont on ne doit point laisser perdre la mémoire (Herbert) leur donna le premier essor dans son *Essai sur la police des grains*. Un autre plus ardent encore sut, dans le sein du com-

1. *Éphémérides*, octobre 1767. Lettre de M. Alpha sur le langage de la science économique. — Voir Oncken. *Œuvres de Quesnay*, note p. 671.

2. Quesnay changeait les termes ; Baudeau avait dit : Laissez la plus entière liberté possible au commerce et à la concurrence parfaite. *Éphémérides*, août 1767.

merce où il avait été élevé, puiser les vérités simples et naturelles, mais alors si étrangères, qu'il exprimait par ce seul axiome,
qu'il eût voulu voir gravé sur toutes les
barrières quelconques, *Laissez faire, laissez
passer*. Reçois, ô excellent Gournay, cet
hommage à ton génie créateur et propice,
à ton cœur droit et chaud, à ton âme honnête
et courageuse[1]. »

Depuis lors, la formule de Gournay se retrouve plusieurs fois dans les *Éphémérides*,
surtout en 1775, quand les Physiocrates s'ef-
forcèrent de maintenir le lien qui les unissait
à Turgot, monté au contrôle général. Quesnay venait de mourir; le comte d'Albon fit
l'éloge du grand penseur et dit : « Les
prohibitions restreignent le travail, les taxes
le renchérissent et le surchargent, les privilèges exclusifs le font dégénérer en monopoles onéreux et destructeurs; il ne faut donc
sur le travail, ni prohibitions, ni taxes, ni privilèges exclusifs. C'est ici que Quesnay s'est
rencontré avec le sage M. de Gournay...
qu'il estima, qu'il aima, et sur la personne

1. *Éphémérides*, juin 1775.

» tionnées. Au reste, comme l'ouvrage de
» Child et celui du chevalier Culpeper con-
» tiennent, de l'aveu des nations les plus
» commerçantes, les meilleurs principes que
» l'on connaisse en fait de commerce, on a
» cru devoir s'en tenir à une traduction
» purement littérale. »

Gournay rabaissait l'utilité de son commentaire et réduisait les réserves qu'il avait
assurément à faire à plus d'une des théories
de l'auteur anglais à une question d'ordre
secondaire, celle de savoir si la pêche devait
être errante ou sédentaire à Terre-Neuve.

Il n'eut plus ensuite l'occasion d'exposer
lui-même au public l'ensemble de ses principes sur le commerce. La guerre et l'attentat
de Damiens troublèrent à ce point l'esprit
des gouvernants qu'en 1757, il fut défendu,
sous peine de mort, de composer, imprimer
ou vendre aucun écrit contre la religion,
l'autorité royale et l'ordre public, et que
l'on songea à saisir et à confisquer chez les
banquiers les valeurs qui pouvaient y avoir
été déposées par des Anglais.

Cet inqualifiable projet nous est révélé par
une lettre que Gournay adressa à la fois, le

fabricants de satisfaire aux goûts des consommateurs, restreint la puissance économique d'une nation. La concurrence provoque le travail, tandis que les privilèges qui limitent le nombre des artisans, les mettent dans l'impossibilité de lutter contre les pays où l'industrie est libre, et où chaque fabricant est obligé, pour soutenir ses affaires, d'abaisser sans cesse ses prix de vente et de réduire ses frais de production.

En conséquence, Gournay demande l'abolition des monopoles et la suppression des règlements. Les gouvernants ont voulu concentrer telle industrie dans telle ou telle localité, y retenir les ouvriers pour que les arts se perfectionnent ; il répond que la circulation des hommes et des talents est nécessaire, et aussi nécessaire que la circulation de l'argent et des marchandises[1].

On veut maintenir ou attribuer à certaines villes le privilège d'avoir des marchés à certains jours et pour certains produits ; on se figure, parce que dans les grandes foires, se vendent et s'achètent à un moment donné

1. *Considérations sur le commerce.*

et sur les disciples duquel il se plaisait à fonder une partie de l'espoir de sa patrie.

« M. de Gournay était arrivé à ce résultat pratique par une route différente : personne, disait-il, ne sait si bien ce qui est utile au commerce que ceux qui le font... Personne ne peut être sûr de tirer le plus grand profit de son travail s'il n'est pas libre de le faire comme il l'entend et s'il est soumis à une inquisition et à des formalités gênantes. Tout impôt sur le travail ou sur le voiturage entraîne des inquisitions et des gênes qui dérangent le commerce, découragent et ruinent les commerçants ; il faut donc affranchir leurs travaux de ces impôts qui interceptent le succès : *Laissez faire, laissez passer.* »

Deux mois auparavant [1], La Rivière, dans une lettre sur les économistes, avait parlé du libre-échange ; il avait fait remarquer que les manufactures nationales sont naturellement protégées contre la concurrence des manufactures étrangères par les frais de transport, en général plus élevés pour les

____

1. *Éphémérides*, mars 1775.

produits étrangers que pour les produits indigènes ; il avait ajouté qu'exclure la concurrence étrangère par le motif qu'elle fournit des marchandises à trop bon marché aux consommateurs, c'est « sacrifier l'intérêt commun de la nation à l'intérêt particulier de quelques hommes salariés par la nation » ; puis il avait dit : « Le grand moyen de faire fleurir nos manufactures est la liberté du commerce jointe à l'immunité de tous droits, de tout impôt, tant sur les agents et les ouvrages de l'industrie que sur les matières qu'elle emploie. *Laissez faire et laissez passer*. Voilà, selon M. de Gournay, tout le code politique du commerce. »

De ces citations résulte que les mots *Laissez faire, Laissez passer* signifiaient pour les Physiocrates et, d'après eux, pour Gournay, la liberté entière du commerce, aussi bien à l'intérieur qu'à l'extérieur. Cette interprétation n'est pas infirmée par ce que dit Turgot dans l'*Éloge* :

« M. de Gournay aurait souhaité que les besoins de l'État eussent permis de libérer le commerce de toutes sortes de droits. Il croyait qu'une nation assez heureuse pour

arriver à ce point, attirerait nécessairement
à elle la plus grande partie du commerce de
l'Europe ; il pensait que tous les impôts, de
quelques genres qu'ils soient, sont en dernière
analyse, toujours payés par le propriétaire
qui vend d'autant moins les produits de sa
terre et que, si tous les impôts étaient répartis
sur les fonds, les propriétaires et le royaume
y gagneraient tout ce qu'absorbent les frais
de régie, toute la consommation ou l'emploi
stérile des hommes perdus, soit à percevoir
les impôts, soit à faire la contrebande, soit
à l'empêcher, sans compter la prodigieuse
augmentation des richesses et des valeurs
résultant de l'augmentation du commerce. »

De même, dans un autre document, une
lettre intime qui fut adressée à Du Pont de
Nemours en 1766 et que nous avons publiée
ailleurs[1], Turgot, après avoir reproché aux
disciples de Quesnay de suivre trop servi-
lement les idées de leur maître, « et de ne
pas se servir du principe abstrait de la
concurrence et de la liberté du commerce,
conséquence immédiate du droit de propriété et de la faculté qu'a tout homme de

1. *Du Pont de Nemours et l'école physiocratique.*

connaître ses intérêts mieux que tout autre », a dit encore : « Ce seul principe a conduit M. de Gournay à tous les résultats auxquels est parvenu notre docteur en partant de la charrue. »

Or, le libre-échange est aussi bien que la la liberté du travail une des formes du droit de propriété.

Dans les écrits de Gournay, nous n'avons trouvé pourtant aucune indication au sujet de la liberté du commerce extérieur. On pourrait même inférer de quelques passages de ces écrits que l'intendant n'avait pas su se débarrasser complètement du système mercantile[1] et qu'il n'était pas opposé à ce que la métropole se réservât le commerce de ses colonies[2].

Mais ces légères contradictions peuvent avoir échappé à sa plume ou avoir été motivées par des considérations du moment. En

---

1. Voir plus haut la lettre à Choiseul sur l'intérêt de l'argent.

2. *Mémoire sur la Compagnie des Indes.* « Tout le commerce de la Compagnie étant transporté aux particuliers, on pourra les assujettir à ne porter aux Indes que des marchandises du crû du royaume, au lieu que la Compagnie en portait souvent d'étrangères. »

réalité, on n'aperçoit pas le motif pour lequel celui qui demandait le droit pour les étrangers de travailler librement en France, qui réclamait la suppression des barrières opposées à la libre fabrication des toiles peintes, et faisait à cette occasion le tableau des effets funestes des lois prohibitives, aurait voulu restreindre l'application des vérités qu'il soutenait.

Ce point n'est pas toutefois élucidé; l'honneur d'avoir réclamé l'abolition des barrières douanières reste donc en entier à Quesnay, qui avança cette belle proposition que M. Yves Guyot[1] a si bien mise en relief : « Les commerçants des autres nations sont nos commerçants. »

Gournay et Quesnay, étaient entrés en relations en 1758. C'est ce qu'affirme Du Pont de Nemours[2] : « Trois hommes également dignes d'être les amis de l'inventeur de la science du tableau économique, M. de Gournay, M. le Mis de Mirabeau et M. Le

---

1. *Quesnay et la Physiocratie.*
2. *Origine et progrès d'une science nouvelle.* 1768, p. 12.

Mercier de la Rivière, se lièrent alors intimement avec lui (Quesnay). » C'est aussi ce que dit le Comte d'Albon : « Gournay que Quesnay estima, qu'il aima. » La mort prématurée de l'intendant du commerce rendit la liaison passagère. « Je ne t'ai vu qu'un instant, Gournay, s'écrie le Mis de Mirabeau, tu accourus à ma voix fraternelle, tu pardonnas à l'imperfection de mes vues, en faveur de la droiture de mes intentions[1]. »

En tout cas, Gournay a dû exposer ses idées devant Quesnay. Partis de points éloignés, ayant suivi des chemins différents, tous deux avaient abouti à des conclusions identiques, quant à l'existence de lois naturelles dans le monde social, quant à l'émancipation de l'individu, quant à la liberté du travail, et aussi quant à la substitution aux impôts indirects d'un impôt territorial.

Où ils étaient en désaccord, c'était sur la question de l'intérêt de l'argent. Tous deux regardaient la baisse de l'intérêt comme désirable, mais Quesnay voulait l'obtenir

1. Il semble résulter de là que Mirabeau fit les premières avances à Gournay et peut-être qu'il servit de trait-d'union entre lui et Quesnay.

par l'intervention de l'autorité : « Le revenu a des bornes, prétendait-il, dans l'ordre de la nature et dans l'ordre de la justice qui limitent le droit qu'a le prêteur au revenu qu'il peut exiger de l'emprunteur. Il serait donc injuste d'exiger un revenu qui excéderait ces bornes, et les lois du souverain doivent avoir pour objet de réprimer une injustice si manifeste. »

Plus tard, le docteur paraît avoir renoncé à cette singulière opinion[1], grâce à l'influence de Turgot et de Du Pont de Nemours qui avaient accepté les vues de Gournay. Dans une science à ses débuts, les doctrines ne sont pas unes ; elles présentent des paralogismes qu'on n'aperçoit pas tout d'abord et qu'on supprime peu à peu.

Une autre divergence entre les deux fondateurs de l'économie politique portait sur la productivité de l'industrie. Quesnay prétendait que la valeur d'un produit industriel est la somme des valeurs dépensées à le fabriquer : matières premières, portions d'outils usés dans la fabrication, matières con-

1. Il l'avait avancée du vivant de Gournay, en 1757.

sommées par les ouvriers et par l'entrepreneur pour pourvoir à leurs besoins, intérêt des capitaux employés. Il avait conclu de là que l'industrie ne crée pas de valeurs nouvelles et qu'au point de vue de la formation des richesses, elle est stérile.

Gournay se refusait à admettre que le travail de l'artisan qui avait confectionné une pièce d'étoffe et du commerçant qui la mettait à la disposition du consommateur n'eût pas ajouté une richesse nouvelle à la masse des richesses existantes. Pour lui, la richesse d'un pays atteignait tout son développement quand le produit de chaque arpent de terre et l'industrie de chaque individu étaient portés au plus haut point possible[1].

C'est ce que rapportent du moins Turgot et Du Pont de Nemours. Dans les écrits de Gournay, nous n'avons rien rencontré qui confirme leur assertion; nous n'avons rien trouvé non plus qui la contredise.

On conçoit, d'ailleurs, que les deux fondateurs de l'économie politique n'aient pu s'entendre sur cette question délicate, car

1. Turgot, *Éloge*.

elle n'a été résolue que très longtemps après eux. Ils confondaient tous deux la richesse générale avec les richesses individuelles ; l'un lui donnait la terre comme unique origine, l'autre la faisait naître à la fois de la terre et du travail ; l'erreur était de même nature.

La simplicité des vues de Gournay n'entravait pas toutefois les recherches de ses successeurs, tandis que l'exclusivisme de Quesnay retarda les progrès d'une partie importante de l'économie politique. Si la mort n'eut prématurément enlevé Gournay, il est possible que l'École Française eût abandonné plus tôt qu'elle ne l'a fait la fausse théorie de l'improductivité de l'industrie. En tout cas, que de réflexions utiles seraient sorties des délibérations de deux hommes, dont l'un avait une pénétration exceptionnelle, dont l'autre, esprit bien moins profond, mais plus pratique, se laissait moins facilement prendre aux pièges du raisonnement déductif !

XII

Optimisme de Gournay. — Ses services. — Sa propagande. — Ouvrages publiés à son instigation. — Ses disciples ou prétendus disciples : Plumart de Dangeul, Butel-Dumont, Herbert, Malesherbes, Boisgelin, Cicé, Maynon d'Invau, Trudaine de Montigny, Turgot, Morellet, Coyer, Roubaud, Clicquot-Bervache, Montaudouin de la Touche. — Qu'est devenue l'école après la mort de Gournay?

« Quand on parle pour la justice et la raison, on a bien plus d'amis qu'on ne croit. Il y a d'un bout du monde à l'autre une confédération tacite entre tous ceux que la nature a doués d'un bon esprit et d'un bon cœur. Pour peu qu'un homme qui expose le vrai en rencontre un autre qui le comprenne, leurs forces se décuplent. C'est avec la vérité que 1 et 1 font 11, et s'il s'y en joint encore 1, cela vaut 111. » Ce langage est de Quesnay. Il montre avec quel optimisme les hommes du XVIIIe siècle, et, en particulier, les économistes, envisageaient l'avenir. Gournay ne paraît pas avoir eu, dans la puissance de propagation de la vérité, moins de confiance que son émule. Il ne négligeait, en effet, aucune occasion d'attirer à lui ceux qui, pour un motif ou pour un autre, pouvaient être portés à réclamer la liberté.

Quand il voyageait, il s'entretenait avec les magistrats, avec les personnes les plus marquantes de chaque localité, s'efforçait de les intéresser à ses projets et de leur persuader qu'ils devaient en demander la réalisation. Quand il avait préparé une réforme, il essayait d'en démontrer l'utilité, même à ceux qu'elle devait froisser. « Il faut que leur bien vienne d'eux-mêmes, » disait-il au prévôt des marchands de Lyon. Les administrateurs du temps purent trouver le procédé naïf; quand on veut aboutir, on n'annonce pas à ses adversaires les coups qu'on leur donnera. Mais Gournay était encore plus désireux de signaler les abus que d'en obtenir la brusque réforme. « Il savait, dit Turgot, que les secousses subites sont dangereuses; il ne voulait pas qu'on abattit le vieil édifice avant d'avoir jeté les fondements du nouveau; il voulait qu'avant de mettre la main à l'œuvre, on eût un plan fait dans toute son étendue, afin de n'agir à l'aveugle ni en conservant, ni en reconstruisant. »

Peu de personnes supposèrent chez l'intendant tant de prudence et de désintéressement. Baron, qui cependant lui est très favorable, s'est cru obligé de reconnaître que « toute innovation mérite des réflexions et une exécution lente à laquelle ne se prêtait peut-être pas assez la vivacité et la fermeté d'un homme qui croyait avoir trouvé la vérité ». C'était, sous une forme mitigée, l'opinion des privilégiés, qui représentaient Gournay comme un enthousiaste, un novateur, un homme à principes, un homme à système, aspirant à tout bouleverser.

Après sa mort, un fabricant de Lyon, a écrit : « M. de Gournay, avait le défaut de tous ceux qui n'ont que de la théorie... Il ressemblait à ces empiriques qui ont un remède universel qu'ils appliquent également à tous les climats, à tous les tempéraments et à toutes les maladies[1]. »

Or, ce fabricant, qui reprochait à un ancien négociant de n'avoir eu que de la théorie, à

1. *Journal du commerce*, janvier 1761.

un théoricien d'avoir été un empirique,
comme si l'empirique se soucie de théorie,
parlait au nom de ses confrères de Lyon et
expliquait au public que ceux-ci trouvaient
dangereux pour l'industrie nationale d'envoyer des échantillons à l'étranger. Ils ai-
maient mieux manquer la vente de leurs
marchandises que de permettre à leurs concurrents d'imiter le moindre de leurs produits. Le contraste entre la façon dont les
accusateurs et l'accusé entendaient favoriser
l'extension de nos débouchés et le développement de notre industrie est assurément plai-
sant.

Les monopoleurs n'envisageaient jamais
que leurs intérêts particuliers du moment.
Gournay, préoccupé de l'intérêt général,
songeait plus à l'avenir qu'au présent. A
ses débuts dans l'administration, il avait pu
s'étonner de voir tant de gens traiter de
nouveautés pernicieuses des principes que
sa modestie lui représentait comme le fruit
du simple bon sens. Il pensa ensuite que
les privilégiés « faisaient leur métier »
en défendant leurs privilèges et qu'ils devaient être fort aises qu'on laissât aller le

monde comme il allait, puisqu'il allait fort bien pour eux[1]. « En annonçant moins ouvertement l'universalité de ces principes, en n'avouant pas les conséquences éloignées qui en dérivaient, en se prêtant à quelques modifications légères, il aurait évité ce titre si redouté d'homme à système et aurait échappé aux préventions qu'on s'efforçait de répandre contre lui. Mais il croyait utile que ces principes fussent développés dans toute leur étendue; il voulait que la nation s'intruisît[2]. »

Il mit donc de côté sa personne et les ennuis qu'on lui suscitait, se laissa traiter d'homme à système et ne modifia pas son attitude, plaçant le triomphe ultérieur de ses idées au-dessus des satisfactions de son amour-propre.

« M. de Gournay, est un de ces génies
» rares que leurs contemporains appellent
» des hommes à système, et que la postérité
» qui profitera de ces systèmes mettra dans
» la liste trop courte des bienfaiteurs de l'hu-
» manité. »

1. Turgot, *Lettre à Mlle de Lespinasse*, 26 janvier 1770.
2. Turgot, *Éloge*.

La conclusion est de Baron ; elle est identique à celle de Turgot, et n'est pas excessive. Nous profitons tous aujourd'hui du système de Gournay. Sans les efforts préparatoires de ce précurseur, la Révolution n'aurait pas établi d'une manière aussi ferme la liberté du travail ; peut-être même notre émancipation politique eût-elle été moins rapide.

Si, en effet, les attributions des gouvernants ont été réduites, la formule : *Laissez faire, laissez passer*, y a puissamment contribué, en faisant douter de l'utilité des missions providentielles. Dès le XVIIIe siècle, elle avait rencontré autant d'adversaires parmi les privilégiés de caste, parmi les parlementaires, parmi tous ceux qui vivaient du régime réglementaire, que parmi les privilégiés du commerce et de l'industrie. Comme une formule, par sa concision, prête facilement à l'exagération et partant à la raillerie[1], on affecta de confondre le « laissez faire »

---

1. On s'amusa du mot du prince de Conti. Il avait du monde dans son salon ; un chien entre et s'y conduit de manière à rendre indispensable l'intervention des valets. « Non, s'écria le prince, laissez faire, laissez passer. »

avec le « laissez tout faire », la suppression des faveurs et des monopoles avec la destruction de toute patrie et de toute autorité. On trouva à profusion des protégés et des candidats à la protection pour applaudir à l'équivoque, ou des sots pour en être la dupe ; il est des uns et des autres en tout temps.

La formule fit pourtant son chemin ; elle s'imposa, comme le résumé d'incontestables vérités, à l'esprit de ceux qui se moquaient le plus ouvertement de l'économie politique et des économistes. Aujourd'hui, si démodée qu'elle paraisse, elle est encore le flambeau qui doit guider les libéraux ; aucune loi scientifique ne l'a contredite ; aucun partisan de l'omnipotence de l'État n'est parvenu à prouver que le despotisme, l'arbitraire, la réglementation, les privilèges et l'inégale protection soient des instruments de progrès.

Gournay ne vit pas la lutte entre l'individu et les gouvernants passer du terrain économique sur le terrain politique ; sans doute, il ne portait pas les regards si loin. Mais sa propagande, quoique limitée à la liberté de l'industrie fut très active. Il cultivait les hommes de lettres, attirait à lui les jeunes gens instruits, excitait les uns et les autres à s'occuper et à occuper le public des questions économiques ; il les aidait de ses conseils et de sa plume.

« C'est à la chaleur avec laquelle il cherchait à tourner du côté de l'étude du commerce et de l'économie politique tous les talents qu'il pouvait connaître qu'on doit attribuer cette heureuse fermentation qui s'est excitée depuis quelques années sur ces objets importants, » nous dit Turgot. Et en effet, cette fermentation fut extraordinaire. En 1754 et dans les années suivantes, un grand nombre de livres et de brochures firent connaître au public les usages et la législation des pays étrangers ou lui signalèrent les vices de notre administration. Il serait sans intérêt d'en dresser la liste complète ; nous ne parlerons que de ceux à la préparation desquels Gournay eut une certaine part.

Plumart de Dangeul[1], dans d'intéres-

---

1. Né au Mans au commencement du siècle, maître d'hôtel du roi, puis maître des comptes, membre de l'Académie de Stockholm. Il était parent de Forbonnais.

santes *Remarques sur les avantages et les désavantages de la France et de la Grande-Bretagne*, établit la supériorité des lois commerciales de ce pays sur les nôtres. L'ouvrage, présenté comme une traduction de l'anglais[1], eut trois éditions en moins de deux mois, puis fut traduit en anglais[2], ce qui ne laissa pas de doute sur sa véritable origine. Il avait été précédé d'une traduction, par le même auteur, d'un livre espagnol où la question des douanes intérieures et extérieures était traitée dans un sens libéral[3].

Un autre auteur, Butel-Dumont[4], à qui l'on attribue une collaboration à la traduction que fit Gournay de l'ouvrage de Child, publia une *Histoire du commerce et des colonies anglaises* et une traduction,

1. De John Nickolls, 1754.

2. Bibliographie, à la suite de la traduction des *Essais* de Hume, 1754.

3. *Le rétablissement des manufactures et du commerce d'Espagne* (1753), traduit de Don Bernardo d'Ulloa (1740).

4. Né à Paris le 28 octobre 1725; successivement avocat, censeur royal, secrétaire d'ambassade à Saint-Petersbourg, chargé du dépôt du contrôle général. On a de lui une *Théorie du luxe* (2 vol., 1771) où il a combattu l'un des premiers les préjugés contre le luxe.

avec additions nombreuses, de l'*Essai sur l'état présent du commerce d'Angleterre* de l'Anglais Cary[1].

Du même temps est la traduction par Turgot des *Questions importantes* de Josias Tucker où l'auteur, à propos d'un bill de naturalisation des protestants étrangers, avait défendu des idées chères à Gournay, la liberté pour les étrangers de venir travailler dans un pays, la suppression des privilèges et des règlements industriels, la moralité de la concurrence, l'influence du travail sur la formation des richesses.

Du même temps aussi sont, avec les traductions que publia Gournay, les traductions plus ou moins libres dues à Forbonnais[2]. Ce dernier, dans les *Eléments du commerce*[3], c'est-à-dire dès le début de sa carrière de publiciste, s'éloigna des principes de Gournay et se prépara à devenir, ainsi qu'il

1. 2 vol., 1755; l'ouvrage anglais datait de 1747.

2. *Le Négociant anglais*, traduit du *British Merchant* de 1713, 2 vol. 1753.

La Théorie et Pratique du commerce et de la marine, traduit de Ustariz, 1753.

3. 2 vol., 1754. Réunion d'articles donnés par Forbonnais à l'*Encyclopédie*.

le fut longtemps, le principal adversaire des économistes.

Pendant qu'on cherchait des exemples au dehors[1], on commençait à écrire sur les grains. Herbert présentait dans son *Essai sur la police générale des grains*[2] des arguments irréfutables contre l'absurde régime auquel était soumis le commerce des céréales. La Chalotais[3] et Montaudouin[4] soutenaient la même thèse.

On écrivit aussi sur les privilèges exclusifs[5], sur l'intérêt de l'argent, sur les corporations et enfin sur les toiles peintes.

Puis parut un livre de théorie générale, l'*Essai sur la nature du commerce*[6] de Cantillon, sorte de traité d'économie politique,

1. A la même époque furent traduits les *Considérations sur le commerce* de Joshua Gee et les *Discours politiques* de Hume (1754).

2. Londres, 1754 et 1755. — Herbert publia aussi des *Observations sur la liberté du commerce des grains*, 1759.

3. *Discours sur l'entrée et la sortie des grains*, 1754.

4. *Supplément à l'Essai sur la police des grains*, 1757.

5. Le *Journal économique* renferme plusieurs articles pour et contre : juillet 1756 et mai 1757.

6. 1755.

rempli d'aperçus ingénieux, dont Gournay recommanda la lecture à ses amis[1].

Tous ces ouvrages ont précédé les écrits de Quesnay. Ceux-ci datent de 1757 et le docteur n'eut de disciples qu'en 1758; le marquis de Mirabeau et La Rivière furent les premiers. Gournay avait depuis plusieurs années autour de lui un certain nombre d'hommes distingués qui recevaient ses encouragements et « ses instructions », selon le mot dont se sert Morellet[2].

Quels étaient ces disciples? Du Pont de Nemours en a dressé la liste[3]. De son école, dit-il, sont sortis : M. de Malesherbes, M. l'abbé Morellet, M. Herbert, M. Trudaine de Montigny, M. d'Invau, M. le Cardinal de Boisgelin, M. de Cicé, archevêque d'Aix, M. d'Angeul, le docteur Price, le doyen Josias Tucker et quelques autres.

Il est peu vraisemblable que le docteur Price et Tucker se soient directement ins-

1. Morellet, *Mémoires*.
2. *Quelques réflexions sur un article du Journal de l'Empire*, 1806.
3. Note sur les économistes, en tête de *l'Éloge de Gournay*.

pirés des vues de Gournay, bien qu'ils aient pu avoir des relations personnelles avec l'intendant. Quant à Malesherbes, il est excessif de le ranger parmi les économistes. Ses *Remontrances* témoignent d'un esprit vraiment libéral ; il s'éleva avec autorité en 1756 contre l'impôt sur le revenu et montra qu'il aboutit nécessairement à l'arbitraire ; il demanda au roi dans une autre occasion de rendre aux communes « le plus inaliénable de tous les droits, celui de régir leurs propres affaires ». Mais nulle part, dans les écrits de Malesherbes, on ne rencontre d'indications permettant de supposer qu'il ait pénétré au delà de la superficie dans les questions économiques. Le seul de ses écrits où il ait fait connaître un peu complètement sa pensée est un *Mémoire sur les moyens d'accélérer les progrès de l'économie rurale en France*[1], et il en résulte que, pour lui, l'économie politique était non une science, mais un recueil de préceptes d'administration, dont les trois principaux étaient:

On ne peut faire fleurir le commerce qu'en le rendant libre ;

1. 1790.

L'imposition sur les terres n'est juste que quand elle est proportionnée au produit net qu'en retire le propriétaire ;

La dépense pour la confection des chemins doit être supportée par les propriétaires des terres dont le nouveau chemin augmentera la valeur.

C'était voir les choses par le petit côté.

L'inscription de Boisgelin et de Cicé, parmi les disciples de Gournay, ne nous paraît pas mieux fondée. Ces deux prélats avaient été les condisciples de Turgot à la Sorbonne ; en gardant l'habit ecclésiastique, ils avaient plus obéi à leur ambition qu'à leurs convictions religieuses, car ils ont donné, dans leur vie privée ou dans leurs écrits, des preuves un peu trop marquées de leur scepticisme[1]. Parvenus rapidement à l'épiscopat et ayant eu, en cette qualité, à prendre part à l'administration de grandes provinces, ils ont su défendre la liberté du commerce ; c'est par cet unique point qu'ils se rapprochent de Gournay. Mais leur conduite fut parfois remarquable.

---

1. Boisgelin, traducteur et auteur de poésies érotiques, figure dans le *Dictionnaire des Athées*. Cicé s'est fait remarquer par l'irrégularité de ses mœurs.

Ainsi en 1772, lorsque la disette se fit sentir en Provence, Boisgelin, alors archevêque d'Aix, s'opposa aux mesures restrictives que l'abbé Terray voulait prendre pour assurer l'approvisionnement de la généralité et réclama pour les États le droit d'ouvrir les barrières. L'abbé Terray résista longtemps avec impatience et aigreur, puis déclara à l'archevêque qu'il le rendait personnellement responsable des suites de l'événement. Le prélat accepta, rencontra en Provence même des difficultés de tout genre pour l'exécution de son dessein, et parvint néanmoins à préserver les habitants de la famine en maintenant la liberté[1].

Convient-il de compter aussi Maynon d'Invau parmi les disciples de Gournay? Nommé contrôleur général par l'influence de Choiseul, dont il était l'ami personnel, d'Invau a imprimé à l'administration une direction libérale. Il a favorisé les économistes, pris les conseils de Morellet, d'Abeille et de Du Pont de Nemours; mais nous ne savons exactement dans quelle mesure il partageait les idées de Gournay.

1. *Œuvres de Boisgelin*, **notices biographiques en tête.**

On peut être plus affirmatif à l'égard de Trudaine de Montigny, qui, dans sa jeunesse, avait connu Gournay, et qui lui succéda, en quelque sorte, dans l'administration du commerce, car c'est en 1759 qu'il fut associé aux travaux de son père et chargé du détail du commerce[1].

A partir de ce moment, furent mises à l'étude d'intéressantes réformes, notamment la suppression des droits de traite et l'établissement de la liberté du commerce des grains. Les conseils du père étaient sans doute derrière les actes du fils, mais la santé de Trudaine ne lui permettant plus d'habiter Paris d'une manière continue, il laissait à Montigny le soin de préparer son travail, de sorte que beaucoup de lettres et d'instructions qui lui étaient attribuées émanaient de ce dernier. L'esprit qui régna dans les bureaux du commerce fut alors aussi libéral que si Gournay en eût fait partie. En voici un exemple.

1. Trudaine avait fait une grande maladie et avait abandonné à son fils, qu'on lui avait donné comme adjoint, les détails les plus fatiguants de son service. Sa santé ne se rétablit jamais complètement et il devint sourd. Il mourut le 19 janvier 1769.

Turgot, étant intendant de Limoges, proposa de conserver à une fabrique de cotonnades le titre de manufacture royale et l'exemption des droits de douane sur les matières premières qu'elle employait.

« Quoique le titre de manufacture royale ne paraisse qu'une décoration honorifique, répondit Trudaine, il donne des avantages très réels sur les manufactures de même espèce qui n'ont pas ce titre. C'est pour cette raison que j'ai toujours[1] vu avec peine donner cette marque de distinction à quelques entrepreneurs, tandis qu'on la refuse à leurs concurrents naturels... Je pense aussi que l'exemption des droits à l'entrée et à la sortie du royaume et à la circulation dans l'intérieur, tant pour les étoffes fabriquées que pour les matières premières, devrait être commune à tous les fabricants du royaume ou n'être accordée à aucune. »

On voit quels changements s'étaient introduits dans le langage de l'administration, devenue plus soucieuse que Turgot de maintenir intact le principe de l'égalité de tous

---

1. On ne doit pas prendre cette affirmation à la lettre, au moins pour le passé.

en face de la protection gouvernementale.

Trudaine de Montigny fit des efforts continus pour rendre ces changements durables. D'une intelligence moins élevée que celle de son père, mais moins froid, plus aimable, moins formaliste, il n'avait pas tardé à être un des représentants principaux des opinions libérales. Pendant que son bel hôtel de la place Louis XV était ouvert par sa femme[1] à tout ce que Paris comptait d'hommes distingués[2], il attirait à lui les économistes, invitait Morellet à réfuter les Dialogues de Galiani, préparait avec Voltaire l'affranchissement des serfs dans le pays de Gex, comptait dans son entourage immédiat Bouvard de Fourqueux, son beau-père, Maynon d'Invau, son beau-frère, tous deux favorables à la liberté commerciale, et enfin Turgot, dont il fut l'un des collaborateurs intimes, quand celui-ci fut ministre.

L'un des premiers soins de Necker, en arrivant au pouvoir, fut d'éloigner ce fonc-

1. Sa seconde femme, morte en 1776.
2. Les sots y étaient rares parce qu'ils y étaient déplacés, a dit Dutens. *Mémoires d'un voyageur qui se repose.*

tionnaire trop influent ; les intendants des finances furent supprimés, en partie pour l'atteindre. Trudaine avait d'autres places; il ne voulut en conserver aucune et prit sa retraite. L'événement fit du bruit; bientôt on n'y pensa plus.

Vingt ans plus tard, le nom des Trudaine reparut sur la scène ; quelques jeunes gens, groupés autour des deux fils de Trudaine de Montigny, se réunirent à l'hôtel de la place Louis XV, pour défendre la société contre les Jacobins. Parmi eux était André Chénier. Généreux et courageux comme lui[1] et ses amis d'enfance, les deux Trudaine furent avec lui les dernières victimes des terroristes. Ainsi finit une famille qui, dans les places qu'elle avait occupées, avait, pendant un demi-siècle, soutenu avec désintéressement les véritables intérêts du peuple.

1. De Trudaine le jeune sont les vers prophétiques :

La fleur, laissant tomber sa tête languissante,
Semble dire au zéphir : Pourquoi m'éveilles-tu ?
Zéphir ! ta vapeur bienfaisante
Ne rendra point la vie à mon front abattu...
Il approche le noir orage.
Sous l'effort ennemi d'un souffle détesté
Je verrai périr mon feuillage...

Dans l'énumération des disciples de Gournay, Du Pont n'a pas mis Turgot. Il lui a donné une place à part, le trouvant trop grand pour être rattaché à un maitre. Turgot est pourtant le disciple, et le principal disciple de Gournay; il reprit sa théorie libérale de l'intérêt de l'argent, poursuivit l'abolition des jurandes, chercha à concilier le système de la classe stérile avec celui de la productivité de l'industrie. Quoiqu'il ait dû beaucoup aussi à Quesnay, on retrouve dans la plupart de ses écrits et de ses actes, les traces des principes que Gournay avait développés devant lui dans sa jeunesse. Mais Turgot n'est pas de ceux dont on puisse apprécier les travaux en quelques lignes; nous nous bornerons à ces brèves indications.

Quant à Morellet, nous rendons compte de ses travaux économiques, trop peu connus, dans un chapitre spécial.

Il nous reste à parler de quelques écrivains que Du Pont n'a pas cités et qui cependant se rattachent à l'œuvre de Gournay.

C'est d'abord l'abbé Coyer qui entama en 1755 une campagne heureuse dans le but de détruire les préjugés en vertu desquels la noblesse ne pouvait, sans déroger, se livrer aux affaires industrielles et commerciales et qui, plus tard, publia son *Chinski, histoire cochinchinoise*, l'un des meilleurs écrits contre les corporations.

Coyer[1] n'était pas un économiste, mais il a eu le mérite d'attaquer au moment propice plusieurs opinions erronées. Son *Traité de la noblesse commerçante* provoqua un arrêt[2] donnant aux nobles, — vainement il est vrai, — la faculté de faire du commerce. *Chinski*, commandé par Laverdy, réimprimé sous le ministère de Turgot, servit de préparation à l'édit de 1776.

Clicquot-Bervache[3] est un de ceux qui

1. Élevé par les jésuites, sans doute gratuitement, car ses parents étaient pauvres et avaient treize enfants, il entra dans la Société de Jésus, professa dans ses collèges, puis la quitta, trouvant ses chefs trop intolérants. Il garda l'habit ecclésiastique, vint à Paris, devint précepteur du duc de Bouillon, puis aumônier général de cavalerie. Il débuta comme auteur par de petits pamphlets, écrits avec une plume assez alerte.

2. L'arrêt est dû à Bertin.

3. Né à Reims en 1723, négociant en tissus, syndic de Reims en 1760, inspecteur général des manufactures en 1766 ; mort en 1797.

peuvent être le plus sûrement classés parmi les disciples de Gournay. Mais les succès que cet écrivain obtint dans sa jeunesse à l'Académie d'Amiens promettaient plus qu'il n'a tenu. Il avait été successivement couronné, en 1755 pour une dissertation sur l'intérêt de l'argent[1] dans laquelle il avait repris les opinions de Child, en 1756 pour une autre dissertation *Sur l'état du commerce français depuis Hugues Capet jusqu'à François Ier*[2], et enfin pour son mémoire sur les corporations, refait par Gournay.

Ces travaux le conduisirent à une place d'inspecteur des manufactures : singulière contradiction, que les adversaires de la liberté ne manquèrent pas de signaler, dans la vie d'un homme qui avait instamment demandé avec Gournay la suppression des inspecteurs ! Nous ignorons dans quel esprit Clicquot-Bervache remplit ses fonctions ad-

1. *Dissertation sur les effets que produit le taux de l'intérêt de l'argent sur le commerce et l'agriculture...* par M. Clicquot-Bervache de Reims, Amiens, 1755. — Il y fut répondu dans l'*Essai sur les causes de la diversité des taux de l'intérêt de l'argent chez les différents peuples.*

2. Amiens, 1756.

ministratives, mais nous savons qu'il publia
contre le Traité de commerce de 1786, l'une
des œuvres les plus belles du règne de
Louis XVI, des brochures dignes du protectionniste Forbonnais.

Montaudoin de la Touche, que nous avons
encore à citer, n'avait pas des opinions économiques beaucoup plus solides que Clicquot-
Bervache. Membre d'une famille de grands
armateurs et négociants de Nantes[1], littérateur
et savant[2], il avait embrassé les opinions
philosophiques au point de donner à un na-
vire le nom de *Voltaire*[3], ce qui fit dire à
Piron :

> Si j'avais un vaisseau qui se nommât *Voltaire*,
> Pour l'honneur du patron, j'en ferais un corsaire.

Montaudoin, non seulement aida Gournay à
créer la Société d'agriculture de Bretagne,
mais prit l'initiative de la proposition à faire aux
États en faveur de cette création. Il fonda à
Nantes l'une des deux écoles de dessin dont
Gournay avait recommandé l'établissement,

1. Levot, *Bibliographie bretonne*, 1852.
2. Membre correspondant de l'Académie des sciences.
3. Voltaire le remercia le 2 juin 1768. — Il écrivit
aussi l'*Épître à mon vaisseau*.

et présenta à la Société d'agriculture un Mémoire pour la suppression du droit d'aubaine. Enfin, il contribua à la réforme de la législation des grains en se faisant le continuateur d'Herbert.

Plus tard, après la mort de Gournay, il inséra dans le *Mercure* des *Observations sur le commerce*, où il essaya de démontrer contre les physiocrates que les commerçants ne formaient pas une classe stérile. Les adversaires des économistes profitèrent de cette circonstance pour les attaquer ; Quesnay crut devoir répondre et réfuta les *Observations*[1] de Montaudoin. Elles ne méritaient pas, par elles-mêmes, cet honneur. L'auteur se piquait de littérature, il faisait de la poésie et des morceaux de style. Ses observations n'étaient, comme l'a dit Du Pont de Nemours, qu'un discours académique. Elles contenaient un éloge du commerce que Quesnay n'avait jamais songé à attaquer et ne fournissaient aucun argument digne de ce nom contre les erreurs du système physiocratique sur l'improductivité de l'industrie.

1. Voir Oncken, *Œuvres de Quesnay*, p. 518 et s.

En somme, le nombre de ceux à l'instruction desquels contribua Gournay et qui peuvent être appelés économistes, est très restreint. Des administrateurs, des gens du monde, des littérateurs, plus ou moins portés à soutenir à l'occasion des principes qu'ils comprennent vaguement, ne forment pas une école. Après la mort de Gournay, presque tous les vrais économistes, habitués précédemment à se rencontrer chez Mme Geoffrin, allèrent chez Quesnay et acceptèrent la suprématie de son esprit puissant. Il en fut ainsi d'Abeille qui, ne fût-ce qu'à propos de la Société d'agriculture, avait dû être en rapport avec Gournay, et de l'abbé Roubaud qui avait connu l'intendant, puisqu'il le défendit ou le fit défendre dans le *Journal du Commerce* qu'il dirigeait. Il en fut de même de Turgot ; ennemi de l'esprit de secte, celui-ci refusa de suivre ses amis quand ceux-ci versèrent dans le despotisme légal, mais il assista souvent à leurs réunions et les appuya dans leurs luttes.

Un seul économiste s'isola, l'abbé Morellet.

Après la mort de Gournay, il n'y eut donc

plus d'école de Gournay. S'il en fut question encore, c'est parce que les protectionnistes, en tête desquels était Forbonnais, essayaient de faire croire qu'il y avait des économistes en dehors des adversaires de la réglementation et prétendaient opposer la doctrine de Gournay à celle de Quesnay. C'est aussi parce que les physiocrates s'efforçaient, en parlant avec éloge des disciples de Gournay, de retenir dans leur camp Morellet et surtout Turgot, dont l'éloignement eût été pour eux un désastre.

XIII

L'abbé Morellet[1]. — Son caractère. — Ses premiers travaux. — Son prospectus du *Dictionnaire du commerce* et sa théorie de la valeur et de l'utilité. — Sa propagande en faveur de la liberté du commerce.

Pour bien connaître Morellet, on pourrait se contenter de lire les *Mémoires* qu'il a écrits, lorsqu'il était septuagénaire et qui ont été publiés après sa mort, car, — chose assez rare, — l'auteur se peint tel qu'il est, avec son caractère doux, son esprit fin et son cœur exempt de passions. Il blâme peu de gens, mais en loue encore moins ; on sent qu'il a toujours eu l'amitié tranquille et les sentiments peu admiratifs. Les seules choses qu'il semble regretter dans sa vie sont les trente mille livres de revenus qu'il possédait avant la Révolution et l'agréable hospitalité qu'il avait reçue de Mme Geoffrin, de Necker ou de lord Shelburne.

1. Ce chapitre a déjà paru en partie dans le *Journal des économistes*.

Né dans la pauvreté, il a embrassé l'état ecclésiastique par nécessité ; au sortir de la Sorbonne, il entre à l'*Encyclopédie* sans se soucier d'accorder l'habit qu'il porte avec les articles qu'il se charge d'écrire. En 1769, quand Maynon d'Invau est ministre et lui laisse espérer une place d'inspecteur du commerce, il combat Necker, dont il est pourtant le commensal ; il le combat encore en 1775, quand Turgot est contrôleur général, mais il en devient l'ami fervent quand son ancien condisciple[1] est éloigné du pouvoir. D'autres contradictions encore plus marquées peuvent être constatées dans sa vie, quand on rapproche les actes de sa jeunesse de ceux de ses dernières années. Comme membre de la secte encyclopédique, il a contribué à préparer la Révolution en ruinant les idées traditionnelles ; il a défendu la liberté en général et la liberté d'écrire en particulier ; néanmoins, après 1789, quand les biens du clergé sont confisqués et qu'il se voit enlever un bénéfice longtemps désiré et tardivement obtenu, il est plus frappé des

---

1. Ils avaient été ensemble à la **Sorbonne**.

fautes et des crimes des révolutionnaires
que des conquêtes de la Révolution et
trouve, ainsi qu'un autre abbé de son temps,
qu'on a changé son enfant en nourrice. Il
approuve donc le 18 brumaire, accepte de
l'empereur un siège au Corps législatif,
quoiqu'il eût été insulté grossièrement par
le *Journal de l'Empire*, et salue ensuite avec
joie le retour des Bourbons.

Contradictoires ou non, Morellet relate
les divers incidents de sa vie avec une simplicité remarquable, sans mettre en évidence
ceux de ses actes qui contrastent le plus avec
le calme ordinaire de sa philosophie. Ainsi,
sous le Directoire, il a combattu la majorité
des Cinq-Cents, à un moment où il était
dangereux de le faire, pour défendre les familles des émigrés, et il attribue modestement son intervention, dans cette circonstance, à des motifs mesquins et personnels.
Sa constitution était tellement solide, et son
esprit si bien pondéré, que l'équilibre de ses
facultés ne pouvait être troublé par des
causes extérieures; pourvu qu'il eût des
moyens d'existence, d'aimables relations,
une bonne bibliothèque, la faculté de tra-

vailler à ses heures et de se distraire, en collectionnant les portraits gravés des hommes célèbres, le reste lui importait peu. Son attitude favorite était, paraît-il, de se serrer les côtes avec les deux mains fourrées sous son habit. Quelqu'un ayant remarqué cette contenance, dit au baron d'Holbach : « Je crois que l'abbé a froid. — Non, répliqua le baron, il veut être plus près de soi[1]. »

Avec un tel caractère, Morellet fut un homme heureux. « Si j'avais pu croire à ce que chacun appelle son étoile, dit-il lui-même, je m'en serais donné une telle que la mienne. J'ai eu sans doute mes soucis, mes malheurs..., mais je dois au moins reconnaître que mes maux ont été compensés par le bonheur inestimable que j'ai eu d'être toujours libre..., d'avoir été toute ma vie un particulier obscur, n'ayant à répondre à personne, à dépendre de personne; enfin de n'avoir jamais subi d'entraves dans mes études littéraires..., de m'être soustrait à la servitude d'une tâche commandée pour un temps fixe, aussi libre, aussi indépendant

1. Baron de Gleichen, *Souvenirs*.

que peut le désirer l'homme de lettres le plus
ami de l'indépendance et de la liberté. »

Aussi Morellet s'est garé toute sa vie de
l'enthousiasme aussi bien que la servitude;
il a écrit pour montrer ses talents ou pour
gagner son pain quotidien, plutôt que pour
obéir à l'ardeur de ses convictions. Après
avoir débuté par un *petit écrit* sur l'intolé-
rance religieuse, il donna à l'*Encyclopédie*
des articles théologiques sur la foi, sur le
Fils de Dieu, etc. La hardiesse avec laquelle
il s'exprima sans donner prise à la censure,
la correction et la simplicité de son style, et
aussi l'abondance élégante de sa conversation, le firent hautement apprécier des philosophes qui avaient usé trois théologiens
avant lui. Comme l'abbé maniait l'ironie
avec autant d'habileté que la dialectique, il
devint l'un des défenseurs attitrés de la
secte. La *Vision de Charles Palissot* assura
sa réputation de pamphlétaire et le fit mettre
à la Bastille, non pour s'être amusé d'un
homme de lettres, adversaire des encyclo-
pédistes, ce que le Gouvernement n'empêchait pas, mais pour avoir commis une ma-
ladresse un peu barbare envers une dame

de la cour, la princesse de Robecq, qui protégait ouvertement Palissot. Morellet avait raconté que cette jeune et belle femme s'était fait transporter mourante à la comédie des *Philosophes* pour l'applaudir; or, c'était vrai, la princesse était mourante, mais elle ignorait sa position; elle l'apprend par la brochure de l'abbé qu'une âme charitable lui met sous les yeux; ses derniers moments sont troublés; la cour s'émeut; on crie vengeance; on enferme l'abbé, et la princesse meurt quinze jours après, au grand désespoir de sa maison et aussi des philosophes qui voient l'opinion publique déchaînée contre eux. « Je suis vraiment fâché, écrit Voltaire, que Morellet ait gâté notre tarte pour un œuf. »

Les portes de la Bastille s'ouvrent cependant au bout de deux mois et l'abbé reprend ses travaux philosophiques. D'un in-folio qu'il trouve à Rome, il tire son *Manuel des inquisiteurs;* sous la dictée de Gatti, il rédige deux traités sur l'inoculation; puis, à l'instigation de Malesherbes, il traduit ou plutôt refond le traité des *Délits et des peines* de Beccaria. Tel est à peu près son bagage littéraire

quand, en mars 1758, comme nous l'avons
vu, il fait paraître sa brochure sur les toiles
peintes où il réfute le protectionnisme de
Forbonnais. La plupart de ses arguments,
empruntés à Gournay, n'étaient pas spéciaux
à la fabrication des indiennes et pouvaient
s'appliquer à toutes les branches de l'activité humaine; la conclusion logique de son
livre[1] aurait dû être le libre-échange absolu,
mais soit par un reste de préjugés, soit pour
ne pas attaquer les privilèges de la Compagnie des Indes, soit pour d'autres causes,
l'abbé dévia brusquement de sa route au
dernier chapitre et demanda que la liberté
de fabrication des indiennes fût accom-
pagnée, sinon d'une prohibition absolue des
produits similaires à la frontière, au moins
de droits protecteurs élevés. C'est en ce
sens que se prononça le Gouvernement.

Si l'on ne connaissait le caractère de Morellet, on comprendrait peu qu'après cet
essai remarquable, malgré la faute que nous

1. Le titre exact est : *Réflexions sur la libre fabrication et l'usage des toiles peintes en France, pour
servir de réponse aux divers mémoires des fabricants
de Paris, Lyon, Tours, Rouen,* etc. Genève, 1758, in-12.

signalons, il soit resté aussi longtemps sans écrire sur l'économie politique. Il était entré en relations avec Gournay vers 1755, par l'intermédiaire de Turgot, et c'est sous l'influence de l'intendant du commerce qu'il avait pris goût aux études économiques. Gournay mort, l'abbé garda le silence, se tint éloigné de Quesnay et affecta de rester étranger aux discussions que soulevait le système du docteur. Il était sans doute trop enclin à chercher le côté pratique des choses pour attacher du prix aux conceptions idéales des physiocrates; mais il était surtout trop engagé dans la secte philosophique pour s'attacher ouvertement à une autre et trop soucieux de sa tranquillité pour faire de la propagande sans y être poussé par un motif particulier. Il se contenta d'exposer ses idées économiques dans les maisons où son couvert était mis ou de rédiger pour Trudaine quelques mémoires sur des sujets d'administration commerciale, jusqu'au jour où Maynon d'Invau arriva au contrôle général. Il déploya alors une véritable activité.

Depuis quelque temps déjà, il s'occupait de préparer pour les frères Estienne un *Dic-*

tionnaire du Commerce, en révisant le *Dictionnaire* de Savary. Mais cette tâche ingrate lui déplut. Il préféra faire une œuvre originale et entreprendre pour le commerce ce que d'Alembert avait fait pour les sciences exactes, c'est-à-dire composer un recueil de toutes les connaissances y relatives en les rattachant les unes aux autres par un lien théorique. L'abbé avait rassemblé quelques matériaux pendant un voyage en Italie; il pouvait compter sur l'appui de l'administration pour en trouver d'autres sur les diverses parties du monde ; il pouvait utiliser les papiers de Gournay qui lui avaient été remis à la mort de l'intendant, et qui renfermaient « une centaine de mémoires sur les objets les plus intéressants de la théorie générale du commerce et de son administration en France ». Il avait lui-même des idées arrêtées sur quelques points de l'économie politique. Il pouvait donc espérer qu'en quelques années, avec les subsides du Gouvernement, le concours de son éditeur et les souscriptions particulières, l'œuvre projetée serait menée à bonne fin. Aussi crut-il devoir, dans un

Prospectus[1], exposer le plan qu'il avait adopté et la marche qu'il comptait suivre pour amasser et coordonner ses matériaux. Ce *Prospectus* forme un in-8 assez compact; s'il n'était consacré qu'au *Dictionnaire*, nous n'en parlerions pas, d'autant plus que le plan qu'il contient nous semble défectueux, mais il renferme sur la *valeur* et l'*utilité* une centaine de pages tout à fait dignes d'attention. Dans l'esprit de l'auteur, ces cent pages n'étaient qu'un hors-d'œuvre présenté au public pour lui permettre d'apprécier la manière dont serait traitée la partie théorique du *Dictionnaire*; le hors-d'œuvre l'emporte de beaucoup sur le reste.

Les premiers physiocrates, en voyant que la richesse n'est pas créée par l'argent et en ruinant par là le système mercantile, avaient pressenti que la valeur devait être séparée de l'utilité; mais ils ne s'étaient pas expliqués nettement à ce sujet. Quesnay s'était contenté de dire : « Les biens sont

1. *Prospectus d'un nouveau Dictionnaire du Commerce,* Estienne, 1769, in-8°, suivi d'une bibliographie du commerce et de l'économie politique en France et à l'étranger.

ou gratuits ou commerçables. Les biens gratuits sont ceux qui sont surabondants et dont les hommes peuvent jouir partout et gratuitement, tel est l'air que nous respirons, la lumière du soleil qui nous éclaire, etc. Les biens commerçables sont ceux que l'homme acquiert par le travail et par l'échange : c'est ce genre de biens que nous appelons richesses, parce qu'ils ont une valeur vénale, relative et réciproque les uns aux autres[1]. »

Turgot, dans les *Réflexions sur les richesses* qui furent publiées quelques mois après le *Prospectus*, mais qui avaient été écrites près de trois ans auparavant, n'avait pas été beaucoup plus loin que Quesnay. Il avait expliqué le mécanisme de l'offre et de la demande, et montré que chaque marchandise pourrait à la rigueur servir d'échelle pour comparer la valeur des autres, mais il n'avait rien dit quant à la distinction à faire entre la valeur et l'utilité. Il ne se préoccupa de cette question que dans son *Mémoire sur les valeurs et monnaies*, qui paraît avoir été fait

1. *Questions intéressantes sur la population*, etc., 1758 (en note) dans Quesnay, éd. Oncken, 289.

pour le *Dictionnaire du Commerce* et dont la date, quoique incertaine, est très voisine de 1769[1]. Là, il remarque que l'homme fait des comparaisons de valeurs indépendamment de tout échange et, par ce motif, il distingue la *valeur appréciative* de la *valeur estimable* auxquelles il attribue un sens peu différent de celui que nous donnons aux mots *utilité* et *valeur*; mais ses développements sont confus et parfois erronés. Ce n'est là qu'une ébauche inachevée.

Il n'en est pas ainsi du travail de Morellet; la question y est envisagée avec une précision remarquable. L'abbé comprend que la théorie de la valeur est l'un des fondements de l'économie politique et commence sa digression par ces mots : Qu'est-ce que la valeur ?

Il explique alors que dans tout objet se trouve, indépendamment de tout échange, une sorte de pouvoir, de faculté, d'aptitude

---

1. Deux ouvrages y sont cités : L'*Essai analytique sur la richesse et l'impôt* de Graslin, dont Turgot dit qu'il vient de paraître et le *Traité sur la monnaie* de Galiani, « publié il y a vingt ans ». Or, ce dernier ouvrage date de 1757 et le premier de 1767.

à produire une impression sur nos sens ou à servir à nos besoins, qui constitue l'*utilité* de l'objet. Cette utilité, ajoute-t-il, est absolue quant à l'objet considéré, mais elle est toujours relative quant aux hommes ; car ceux-ci n'ont pas en face d'eux un seul objet : la nature a été libérale envers eux ; ils peuvent comparer et choisir entre beaucoup de choses et tous ne reçoivent pas la même impression du même objet ; cette impression varie avec le moment et avec les circonstances. L'utilité diffère donc essentiellement de la valeur.

Celle-ci est extérieure à la chose ; c'est le rapport entre deux termes, c'est le résultat de l'échange ; la personne qui vend désire obtenir l'objet que possède l'autre, celle qui achète désire garder l'objet qu'elle possède ; elle ne se détermine à s'en séparer que si elle trouve une utilité plus grande à la chose qu'elle convoite qu'à celle qu'elle détient. Si elle était seule, il lui suffirait, pour juger des utilités, de les comparer au prix qu'elle paierait pour demander ces utilités à la nature, c'est-à-dire de les rapporter à la quantité de peine et de temps qu'elle emploierait pour se les procurer directement. Mais elle est en face d'autres personnes poussées par des considérations analogues à celles qui la guident et c'est le résultat de ces considérations qui fera la valeur. Celle-ci n'existe donc qu'en vertu des comparaisons qu'on fait des utilités; il n'y a pas de valeur sans utilité, mais la valeur n'est pas l'utilité; on pourrait lui donner le nom d'*échangeabilité*.

Voici du moins, résumées rapidement, les bases de la théorie de Morellet. De là, l'auteur déduit facilement que la valeur n'étant pas l'échangeabilité contre une seule chose, mais contre toute chose utile ou pouvant être utile, toute marchandise peut à la rigueur servir de monnaie et que toute monnaie est marchandise.

Si clair et si précis qu'ait été le travail de Morellet, il a passé presque inaperçu. L'abbé affectait de se séparer des disciples de Quesnay et opposait à leurs théories sur la richesse une théorie différente et d'ailleurs beaucoup plus erronée. Peut-être est-ce pour ce motif que son excellente terminologie n'a pas été adoptée par ses contemporains ? En tout cas, beaucoup d'auteurs ont continué à divaguer sur la valeur et aucun ne s'est servi du mot *utilité*. Les physiocrates disaient *richesses* et *biens*, en réservant ce mot aux choses utiles et l'autre aux choses échangeables, ou encore *valeur vénale* et *valeur fondamentale*, c'est-à-dire valeur au marché et valeur intrinsèque, montant des frais de production. Smith a séparé la *valeur en usage* de la *valeur en échange* sans s'expliquer clairement sur cette distinction ; étant persuadé d'ailleurs que la richesse est la valeur échangeable des choses et qu'elle est d'autant plus grande qu'il y a plus de choses ayant de la valeur, il lui eût été difficile de chercher la richesse en dehors de l'échange et d'attacher une grande importance à l'utilité. Il faut aller jusqu'à J.-B. Say pour voir réapparaître le mot si simple qu'avait indiqué Morellet.

Nous ne pouvons abandonner ce disciple de Gournay sans dire un mot de ses autres travaux économiques. Les années 1769 et 1770 furent les plus fécondes pour lui ; outre le *Prospectus*, il publia deux mémoires sur la Compagnie des Indes qui précipitèrent la suspension de cette Compagnie ; il écrivit une réfutation un peu trop dogmatique des dialogues de Galiani, réfutation que celui-ci fit interdire et qui ne parut qu'en 1774. Après cet effort, l'abbé se reposa. Il ne prit plus qu'une faible part aux discussions d'économie politique et s'occupa assez mollement de son *Dictionnaire*, bien que Turgot l'en pressât et lui eût accordé de nouveaux subsides. Morellet fut devancé par l'abbé Baudeau qui, en 1784, rajeunit le *Dictionnaire* de Savary pour l'*Encyclopédie méthodique;* après la Révolution, il abandonna définitivement ce grand travail auquel il attachait jadis tant d'importance. Quelques-uns des documents qu'il avait recueillis furent remis à son ancien collaborateur Peuchet, qui s'en servit pour rédiger le *Dictionnaire de géographie commerçante* (1797) et le *Vocabulaire des mots du commerce.*

Cependant, jusqu'à sa mort, l'ancien auteur du *Prospectus* conserva beaucoup de goût pour les études économiques ; il avait entièrement traduit la *Richesse des Nations,* de Smith, et commencé plusieurs ouvrages originaux sur la population, le commerce colonial, le crédit, la liberté du commerce des grains, la richesse, la dette publique, la propriété, etc.

« Je crois devoir, écrivait-il dans une note trouvée chez lui après sa mort, le peu de temps et de force que la nature me laissera, à terminer, s'il m'est possible, trois ou quatre ouvrages intéressants ou du moins qui m'intéressent davantage. Le plus important est un Traité de la propriété, dont le plan est d'une grande étendue et qui pourrait, je crois, faire avancer de quelques pas la science des gouvernements et de l'économie publique. »

Ce traité n'a pas été achevé plus que tous ceux auxquels avait songé Morellet. Le temps lui a manqué; or, l'abbé est mort à l'âge de quatre-vingt-douze ans! Les dernières années de sa longue vie s'étaient écoulées comme les autres au milieu de projets qui ne s'exécutaient pas et de manière à justifier l'épigramme de M.-J. Chénier :

> Et ce bon Morellet, qui toujours se repose,
> Enfant de soixante ans qui promet quelque chose.

Ce n'est guère que dans la conversation que l'abbé montrait de l'activité; il y excellait, et personne n'a, plus que lui, fait de propagande économique dans les salons du XVIIIe siècle. Des lettres conservées aux archives du Ministère des affaires étrangères nous le montrent chez lord Shelburne[1] réclamant vivement la liberté du commerce maritime et refusant aux gouvernements le droit d'apporter des restrictions à cette branche de l'activité humaine. Mais ce beau feu s'éteignait dès qu'il s'agissait de travailler et d'écrire. Aussi, avec des qualités solides qui lui auraient permis de rendre de grands services, Morellet n'occupe-t-il dans la science qu'une place des plus étroites. Il lui a manqué ce qui rend si intéressante l'œuvre de Gournay, comme celle de Quesnay et de la plupart des Physiocrates, savoir mettre le succès d'une cause au-dessus des satisfactions personnelles.

1. Voir des extraits de ces lettres à la fin du volume. Morellet, né en 1727, est mort en 1819.

BIBLIOGRAPHIE

Écrits de Vincent de Gournay

IMPRIMÉS

1. *Traités sur le commerce et les avantages qui résultent de la réduction de l'intérêt de l'argent*, par Josias Child, chevalier baronnet ; avec un petit *Traité sur l'usure*, par le chevalier Thomas Culpeper ; traduits de l'anglais. Amsterdam et Paris, 1754, in-12, 483 p.

> Butel-Dumont est indiqué quelquefois, sans preuve à l'appui, comme l'auteur ou l'un des auteurs de cette traduction. Peut-être a-t-il aidé Gournay ?

> On a attribué aussi à Gournay, d'après un passage des *Mémoires* de Morellet, les *Considérations sur le commerce et la navigation de la Grande-Bretagne*, traduit de l'anglais, Genève, Philibert, 1750, in-12. Cette traduction d'un ouvrage de Josua Gee est de J.-B. de Secondat et offre peu d'intérêt. Il est bien peu vraisemblable que Gournay y ait mis la main.

2. Observations sur la liberté des toiles peintes, insérées dans l'*Examen des avantages et des désavantages de la prohibition des toiles peintes* (par Forbonnais), 1755, in-12.

3. Mémoire sur les corps de métiers, qui a remporté le prix, au jugement de l'Académie d'Amiens, en l'année 1757, par M. De l'Isle ; la Haye, 1758, in-12, 117 p.

Ou *Considérations sur le commerce et en particulier sur les Compagnies, Sociétés et Maîtrises.* Amsterdam, 1758, in-12, 180 p.

(Par Clicquot-Bervache et Gournay.)

Les deux éditions ont le même texte et la même épigraphe : « Salus populi suprema lex esto. »

Reproduit dans l'*Encyclopédie méthodique, Finances*, article Maîtrises. — Analysé dans l'*Étude sur Clicquot-Bervache*, par Jules de Vroil, Guillaumin, 1870.

4. Mémoire sur la Compagnie des Indes (26 juin 1755), à la suite du Mémoire sur la situation actuelle de la Compagnie des Indes, par l'abbé Morellet, in-4°, 1769.

5. Observations sur l'agriculture, le commerce et les arts de la Bretagne.

Ces observations sont reproduites en partie dans un rapport de la Commission du commerce des États de Bretagne, daté du 10 février 1757 et inséré dans le premier volume du *Corps d'observations de la Société d'agriculture, de commerce et des arts, établie par les États de Bretagne*, Rennes, in-8°, 1760.

INÉDITS

1. On trouve dans les *Registres du bureau du commerce* une analyse des Mémoires ci-après :

1751. *1er avril*. — Rapport sur une requête des potiers d'étain de Lyon en vue de soumettre à la marque les menus objets d'étain.

29 avril. — Rapport sur une requête des ciriers et confituriers de Lyon en vue d'homologation de nouveaux statuts.

27 mai. — Projet d'arrêt sur des contestations entre les fabriquants d'étoffes d'or, d'argent et de soie de Tours.

19 août. — Rapport sur des difficultés entre deux négociants du Mans.

26 août. — Rapport sur une requête des fabriquants de Lyon en vue d'employer dans les lisières des satins un trait d'or ou d'argent faufilé sur de la soie.

2 septembre. — Rapport sur une demande des maîtres orfèvres en vue d'une création de maîtrise pour la vente du diamant.

Rapport sur une demande des fabricants d'Elbeuf en vue de la réduction des amendes infligées aux ouvriers qui vont travailler à l'étranger ou qui cabalent.

1752. 27 *janvier.* — Rapport sur une demande de privilège exclusif pour un procédé de teinture du lin.

Rapport sur une demande des fabricants de Lyon en vue de placer les dessinateurs sous la juridiction consulaire.

Rapport sur une requête relative à une carrière d'ardoise.

Rapport sur une demande tendant à faire marquer l'orfèvrerie étrangère avant sa mise en vente.

24 février. — Rapport sur une demande des serruriers d'Auxerre en vue de se constituer en corporation.

Rapport sur un différend entre les apothicaires et les apothicaires-épiciers d'Auxerre.

2 mars. — Rapport sur des infractions commises par les fabricants de Nîmes et d'Uzès aux règlements sur les soies de Tours.

23 mars. — Rapport au sujet du droit d'écacher et de filer l'or et l'argent à Lyon.

15 juin. — Nouveau rapport sur l'affaire des fabricants de Nîmes et d'Uzès.

1753. *4 janvier.* — Nouveau rapport sur la requête des fabricants d'Uzès et de Nîmes.

25 janvier. — Rapport au sujet d'un différend

entre un marchand forain de Suisse et les marchands drapiers de Dijon.

1er février. — Rapport sur une demande des fabricants de Tours en vue de faire entrer des soies par Nantes.

Rapport sur une demande des teinturiers, foulonniers, tondeurs et apprêteurs d'étoffes étrangères de Dijon en vue d'exempter des droits de marque les droguets à l'usage des particuliers.

22 février. — Projet d'arrêt sur le différend entre le marchand forain de Suisse et les drapiers de Dijon.

29 mars. — Rapport sur un différend entre les tireurs d'or de Lyon et les passementiers et guimpiers écacheurs et fileurs d'or et d'argent.

7 juin. — Rapport sur un différend entre les maîtres ouvriers en fer-blanc et plomb de Lyon et un ouvrier sans qualité qui fabriquait des pompes.

1754. *10 janvier.* — Rapport sur une réclamation d'un marchand du Mans contre une décision consulaire.

14 février. — Projet d'instructions à l'intendant de Tours au sujet d'une carrière.

28 février. — Nouveau rapport sur l'affaire des plombiers de Lyon.

4 juillet. — Rapport sur une requête des commerçants de vins de Londres et d'Édimbourg au sujet d'inexactitudes dans la jauge des barriques de Bordeaux.

11 juillet. — Rapport au sujet de la douane de Lyon et de l'obligation d'y faire passer les soies.

1ᵉʳ août. — Rapport sur une réclamation d'un marchand du Mans.

8 août. — Rapport sur une demande des boulangers de Bordeaux en vue d'homologation de nouveaux statuts.

Rapport sur une demande de privilège exclusif pour un fabricant d'étoffes de Saint-Léonard.

Rapport en vue de la liberté de constituer des sociétés en commandite à Lyon.

12 septembre. — Projet de décision sur la demande des boulangers de Bordeaux.

19 septembre. — Projet d'arrêt du Conseil sur la question des sociétés en commandite.

Rapport en vue d'accorder la liberté de fabriquer des étoffes de soie dans les campagnes des généralités de Tours et de Lyon.

12 décembre. — Rapport sur une demande d'un apprenti apothicaire ayant travaillé à Paris en vue d'être admis à la maîtrise à Auxerre.

1755. *9 janvier.* — Rapport sur un différend entre les guimpiers, écacheurs et fileurs d'or et d'argent de Lyon et les passementiers.

16 janvier. — Rapport sur une requête des syndics de Limoges en vue d'obtenir une réduction des droits sur les droguets.

Rapport sur une réclamation d'un fabricant de

Tours contre une décision du juge de police de Rennes.

23 janvier. — Rapport sur des difficultés relatives aux droits de péage sur la Loire entre Saint-Rambert et Roanne.

6 février. — Rapport sur une demande des fabriquants de Nîmes en vue d'obtenir une réduction des droits sur les satins à la douane de Lyon.

20 février. — Rapport sur une réclamation des fabriquants de Tours au sujet du droit accordé aux fabriquants de Lyon de travailler dans la largeur de 5 et 1/2.

13 mars. — Rapport sur une réclamation des échevins d'Angers et des six corps de marchands de Paris au sujet de l'installation d'une raffinerie par les Jésuites de La Flèche.

24 avril. — Nouveau rapport sur l'affaire des guimpiers de Lyon.

19 juin. — Rapport sur un différend entre les mouliniers et fileurs de soie de Virieu en Forez, et les mouliniers de Saint-Chamond.

21 août. — Rapport sur une requête d'habitants du Quercy en vue d'être autorisés à entreposer les vins du Quercy à Bordeaux.

4 septembre. — Rapport sur une requête d'un ouvrier né en Savoie en vue d'être admis à l'apprentissage à Lyon.

1756. *29 janvier*. — Mémoire au sujet de la faculté

de faire des velours dans la même laisse que les velours de Hollande.

19 février. — Mémoire relatif à la réduction des droits perçus par la douane de Lyon sur les soieries du Comtat.

8 avril. — Rapport sur une réclamation contre une sentence de l'amirauté de La Rochelle.

20 mai. — Rapport sur une réclamation des épiciers droguistes d'Angers contre un arrêt du Parlement du 5 mai 1755.

24 juin. — Rapport sur un mémoire d'un maître batteur d'or et d'argent de Paris qui demande à être reçu maître à Lyon.

26 août. — Rapport sur des requêtes des boulangers de Lyon contre les pâtissiers et des poulaillers et rôtisseurs contre les pâtissiers.

2 septembre. — Rapport sur une requête des serruriers de Lyon au sujet de l'emploi par l'Hôtel des Monnaies d'un serrurier qui n'est pas maître.

Rapport sur des demandes des pâtissiers et rôtisseurs d'Évreux et des menuisiers d'Orléans en vue d'homologation de statuts.

9 septembre. — Rapport sur une réclamation des fabricants de farine de minots de Nérac contre un arrêt du Parlement de Bordeaux.

23 décembre. — Rapport sur une requête d'un marchand de soie de Paris en vue de faire entrer par Strasbourg des soies achetées en Hollande.

1757. *3 mars*. — Rapport sur une difficulté entre le propriétaire et l'inventeur d'une mine de charbon.

***19 mars*. —** Rapport au sujet d'une question relative à la robine de Narbonne.

***16 juin*. —** Nouveau rapport au sujet de la réduction des droits sur les soies du Comtat.

1758. *4 mars*. — Rapport sur une question de dessèchement de marais.

***9 mars*. —** Rapport sur la requête d'un Suisse demandant à fabriquer à Poitiers des poteries d'étain.

***18 mars*. —** Rapport au sujet d'un différend entre les mouliniers fileurs de soie de Virieu et les mouliniers de Saint-Chamond.

Ainsi que nous l'avons déjà fait remarquer les analyses de ces rapports donnent l'opinion du bureau et non celle du rapporteur.

2. *Lettres et mémoires de Gournay* dont copie existe aux Archives Nationales [1] ou aux Archives de la Chambre de commerce de Lyon. (Nous indiquons les pièces de cette dernière provenance par une mention entre parenthèses.)

1751. *4 mars*. — A Dugas, à Lyon ; demande de renseignements sur l'industrie de la soie.

1. Registre des lettres, décisions et arrêts du bureau de M. de Gournay, intendant du commerce, commencé au mois de décembre 1752, continué par M. de Cotte, intendant du commerce du mois de juin 1758, fini le 11 avril 1759. Nous ne citons pas les lettres préparées par Gournay, mais signées par d'autres que par lui.

A Aubry, inspecteur des manufactures à Tours, dans un but analogue.

29 mars. — A Lemarchand, inspecteur de la draperie à Lyon, au sujet du règlement du 10 septembre 1750 sur la soie.

30 mars. — A Comte, inspecteur des manufactures à Niort, demande de renseignements sur la foire de Niort, etc.

8 juin. — A Brunet, à Alençon, demande d'échantillons d'étamine teinte.

A Saucline, inspecteur à Brioude, au sujet des mûriers.

7 août. — A Savalète de Magnanville, intendant de Tours, au sujet des peignes de soie.

A Mège, entrepreneur de soie à Privas, qui demande le titre de manufacture royale.

A Saucline, au sujet des cocons.

13 août. — A Guignard de Saint-Priest, sur le commerce du Levant.

18 septembre. — A Magnanville, au sujet d'un différend entre deux fabricants du Mans.

A Mège, sur un moulin inventé par Vaucanson.

A Muret, inspecteur à Limoges, au sujet d'une saisie.

19 septembre. — A Joly de Fleury, intendant à Dijon, au sujet d'une infraction qu'il a commise à un arrêt de 1716 sur les laines.

A Magnanville, au sujet d'agissements du bailli de Montrésor.

2 novembre. — A Magnanville, au sujet de l'emploi des laines de Barbarie dans les fabriques du Mans.

4 décembre. — A Comte, demande de renseignements sur le commerce des peaux.

14 décembre. — A Jubin en Dauphiné, sur les vers à soie.

A Aubry, sur les foires d'Angers et de Dijon.

15 décembre. — A Dugas, sur des différends entre les ouvriers de Lyon et les marchands.

A Muret, demande de renseignements sur le travail des enfants.

1752. 29 janvier. — A Rossignol, intendant à Lyon, sur une demande de privilège exclusif pour une fabrique de mousseline.

18 février. — A Magnanville, sur une demande de privilège exclusif pour une teinturerie à Angers.

2 mars. — A Comte, sur l'établissement d'un atelier pour les pauvres à Angers.

15 mars. — A Rossignol, envoi d'un arrêt du Conseil sur les communautés des fabriquants d'or et d'argent.

27 mars. — A Magnanville, envoi d'un mémoire sur l'emploi des soies crues.

1er mai. — A Flachat de Saint-Bonnet, prévôt des marchands à Lyon, sur les communautés.

S. d. — A Magnanville, sur l'emploi des soies crues.

6 mai. — A Flachat, au sujet de la fabrique des étoffes de soie, d'or et d'argent.

24 mai. — A Flachat, sur les communautés.

25 mai. — A Trudaine, sur les communautés.

13 juin. — A Flachat, sur l'emploi des soies crues.

30 juin. — A Flachat, au sujet d'une requête des fabricants de Nîmes.

A la Chambre de commerce de Bordeaux, sur un projet de règlement sur les laines.

26 juillet. — A Trudaine, sur la réduction de l'intérêt de l'argent en Espagne.

24 août. — A de Blair de Boismon, intendant à la Rochelle, au sujet d'une saisie de pièces de drap.

28 août. — Au maire et échevins de la Rochelle, au sujet de la concurrence des colonies.

1er septembre. — A Trudaine, sur la création de la Caisse du commerce.

A Trudaine, au sujet de la foire de Beaucaire et du commerce des blés.

5 septembre. — A Flachat, sur la requête d'un dessinateur suisse.

9 septembre. — A Boudet, de l'Académie de peinture, sur la création d'une école de dessin à Lyon.

11 septembre. — A Flachat, sur divers sujets, dont les dettes des communautés.

25 septembre. — A Trudaine, sur la traduction de l'ouvrage de Child et le commerce des laines.

24 octobre. — A Rossignol, sur une requête d'un fabricant de Lyon.

27 novembre. — A Flachat, sur divers sujets.

19 décembre. — A Trudaine, sur des plombs de fabrique et de contrôle.

26 décembre. — De Trudaine à M. de Champant, ministre du roi à Hambourg, sur les manufactures de toile de Silésie.

1753. *22 janvier*. — A Rodiez, élève des manufactures à Alais sur les inspecteurs.

24 février. — Mémoire sur la suppression des communautés. (Archives de la Chambre de commerce de Lyon.)

30 mai. — A Flachat, pour lui communiquer son rapport au Conseil sur l'affaire des tireurs d'or.

1754. *5 janvier*. — A Flachat, question à proposer à la Chambre de commerce de Lyon sur l'usage des billets à ordre.

12 janvier. — A la Chambre de commerce sur le même sujet. (Archives de cette Chambre.)

14 janvier. — A Grenier, négociant à Lyon qui veut établir une fabrique de mousselines façon **Zurich**.

19 janvier. — A La Roche-Aymon, archevêque de Narbonne, sur le commerce du Levant.

22 janvier. — A Flachat, sur les sociétés en commandite de Lyon.

23 janvier. — A Saint-Priest, sur le commerce du Levant.

6 mars. — A Flachat, sur les billets à ordre.

15 mars. — A Trudaine, sur les règlements.

10 avril. — A Trudaine, sur les encouragements à donner au commerce.

18 mai. — A la Chambre de commerce de Lyon, sur la question des billets à ordre. (Archives de la Chambre).

3 juillet. — A Magnanville, au sujet des plaintes des fabricants de Tours.

Décembre. — Au garde des sceaux, divers sujets.

1755. *Avril.* — A Stainville, ambassadeur à Rome, sur l'intérêt de l'argent.

9 mai. — A Trudaine, au sujet des règlements sur les laines.

14 décembre. — A Trudaine, sur le commerce du Levant.

1756. *28 janvier.* — A Saint-Priest, sur des encouragements à un fabricant et sur la foire de Beaucaire.

20 février. — A Fontaine, receveur des fermes à Tarascon, sur l'arrêt du Conseil du 30 décembre 1755 relatif à la liberté de circulation des soies.

6 avril. — ?, sur une demande de privilège exclusif.

1757. *1er octobre.* — A Bernis, et à de Boulongne, contrôleur-général, sur un projet de confiscation des biens des Anglais.

Éloges de Gournay

Turgot. *Éloge de Gournay.*

      Incomplet dans le *Mercure* de juillet 1769, in-extenso et précédé d'une lettre à Marmontel dans les *Œuvres de Turgot* (édition Du Pont, 3e vol., 1808), reproduit en dernier lieu dans la Petite Bibliothèque économique, volume *Turgot.*

Baron. *Éloge de M. de Gournay* lu dans l'assemblée publique de l'Académie d'Amiens le 25 août 1760 par M. Baron, secrétaite perpétuel.

      Inséré dans le *Journal du commerce*[1] de mai 1761.

1. *Journal du commerce*, dédié à S. A. R. Mgr. le prince Charles-Alexandre, duc de Lorraine et de Bar, gouverneur et capitaine royal des Pays-Bas, Bruxelles, 24 vol. 1759-62.

Extraits de lettres[1] adressées au comte Vergennes, ministre des affaires étrangères, pendant le séjour de Morellet chez lord Shelburne[2] (1783-1784) et tirées des archives du Ministère des affaires étrangères.

I

De Morellet

Mylord Shelburne a une grande considération auprès des négociants qui ont, comme on sait, une grande influence dans ce pays-ci. Quand je dis les négociants, j'entends surtout les grands manufacturiers, car il faut savoir que le commerce d'Angleterre a pris depuis quelque temps une tournure différente de l'ancienne. Autrefois les marchands des grandes villes avaient les capitaux et faisaient

1. Ces lettres, qui donnent quelques indications sur l'état de l'opinion en Angleterre au sujet de la liberté du commerce à la veille de la conclusion du traité de 1786, peuvent être utilement rapprochées de celles que Gournay écrivait trente ans auparavant. Elles fournissent aussi des renseignements sur les idées de l'abbé Morellet.

2. Lord Shelburne, marquis de Landsown, descendait par les femmes de William Petty, « un des premiers écrivains qui aient traité philosophiquement les matières de l'économie politique (Morellet) ».

travailler les manufacturiers à qui ils fournissaient la plus grande partie de leurs avances ; aujourd'hui ce sont les manufacturiers qui ont les capitaux et les marchands ne sont plus que leurs facteurs, ce qui doit s'entendre au reste avec exceptions, et je vois que les manufacturiers ou négociants ont une correspondance continuelle avec Myld Shelburne qu'il entretient par son exactitude à leur répondre. J'ai lu plusieurs lettres de ce genre et ses réponses. Il est occupé dans toutes de leur insinuer les principes de la liberté du commerce et il prétend que c'est par eux seuls que le ministère peut avancer vers ce grand objet. J'ai lu entre autres une lettre d'un négociant de Liverpool qui consulte Myld Shelburne sur certains réglements qu'on propose pour empêcher l'exportation des métiers et outils et l'émigration des artistes qui vont établir dans les pays étrangers leurs divers genres d'industrie. Lord Shelburne paraît d'abord donner dans son sens en lui disant qu'il y a assez de lois sévères de ce genre et, sans en faire de nouvelles, qu'il ne faut que mieux exécuter les anciennes ; mais il revient tout de suite à lui faire voir les inconvénients des prohibitions et des droits exclusifs. Il lui fait observer que le Gouvernement, en établissant une prohibition, donne au fond à tous ceux qui jouissent du monopole créé par la prohibition le droit de lever un impôt arbitraire sur leurs concitoyens. Il lui dit que les prohibitions attirent de la part des nations étrangères des prohibitions réciproques ; l'Angleterre perd plus, proportion gardée, dans ce combat parce qu'elle est le pays qui a le plus de commerce et d'industrie. On voit que ses principes sont très humains, très cosmopolites, et que, sans blesser les intérêts de l'Angleterre, ils doivent être agréables à toutes les autres nations. — *23 octobre 1784.*

II

De Barthélemy

Ministre de France à Londres.

Cet ancien ministre (Shelburne), vraiment homme d'État, est dans les principes les plus favorables à la liberté du commerce et au rapprochement des deux nations. Je l'ai vu hier et j'ai beaucoup causé avec lui sur les affaires du moment. Il m'a paru que ses opinions ne différaient pas des nôtres, malgré la chaleur avec laquelle l'abbé Morellet soutient l'ouverture de l'Escaut. Ce n'est pas qu'il approuve la forme que l'Empire y a mise, mais dans sa double qualité de philosophe et d'économiste, il prétend que toutes les eaux sont libres et appartiennent aux hommes comme l'air qu'ils respirent, que les restrictions gênent le commerce, que les traités n'ont pas de pouvoir, etc., etc. Je ne vous fais part de ces assertions plus morales que politiques qu'à cause du rapport qu'elles pourraient avoir avec les opinions de lord Shelburne, mais ce ministre fait des plaisanteries à l'abbé Morellet sur ses systèmes et paraît tenir à la foi des traités. — *1 décembre 1784.*

III

De Morellet

Vous avez l'un et l'autre (Vergennes et Shelburne) ramené la politique aux véritables intérêts des deux nations qui ne peut être de se ruiner réciproquement, ni même, pour aucune des deux, de ruiner sa rivale. Plus je vois ce pays et plus je sens la vérité de ces principes et plus je désire que les circonstances qui maîtrisent trop souvent la théorie vous permettent de les mettre en pratique dans le traité de commerce dont les progrès me paraissent toujours bien lents. Beaucoup de difficultés s'aplaniraient si l'évènement pour lequel M. le Comte fait des souhaits dans sa lettre (rentrée de Shelburne au Ministère) venait à avoir lieu. — *3 décembre 1784.*

INDEX ALPHABÉTIQUE

CHALON-SUR-SAÔNE. — IMP. DE L. MARCEAU